AF345720

EL CRISTAL DONDE TE MIRAS

EL CRISTAL DONDE TE MIRAS

EL REFLEJO LO PONES TÚ

DOLORES MARÍN GÓMEZ

Título: *El Cristal donde te miras*
© 2020, Dolores Marín

Autoedición y Diseño: 2020, Dolores Marín

Primera edición: marzo de 2020
ISBN-13: 978-84-18213-39-7

DEDICADO A...

TU DESPERTAR
SERÁ EL IMPULSO DEL UNIVERSO
PARA RENACER HACIA LA VIDA...

AGRADECIMIENTOS

Gracias a mis padres por ser mis estrellas. Sin vosotros no sería la persona que soy, y en especial a mi padre, que desde el cielo sé que me mira.

Gracias a mis hijos por ser mi motivo de superación y crecimiento.

Gracias a mis amigos, que me apoyaron en este proyecto.

Gracias a ti, querido lector, porque sin ti este sueño no sería posible.

Gracias a todas las personas que contribuyeron de forma distinta a que yo hoy pueda decir que con *El cristal donde te miras* soy una persona nueva.

Gracias, gracias, gracias.

ÍNDICE

OPINIONES DE LOS LECTORES

En este libro, la Autora nos muestra que el origen de todos nuestros malestares físicos y emocionales, han sido generados inconscientemente por nosotros mismos, por nuestra manera de pensar y percibir nuestra vida, que los pensamientos así como la materia son energía y dependiendo del nivel de energía en el que estemos vibrando es lo que atraemos y esto se puede manifestar en forma de síntomas físicos y la enfermedad es solo el camino hacía la curación, nuestro cuerpo nos esta diciendo que hay algo emocional que sanar, Gracias Dolores por escribir sobre este tema tan interesante.

Mony Trejo. Homeópata y Terapia en Constelaciones Familiares Autora Trilogia "Con Tus Propias Alas"

¡El cristal donde te miras me ha impactado!, el perdón y perdonar, me ha enseñado a ser consciente de lo importante que es perdonarte para después perdonar.

Cuando pones en práctica el perdón, la vida gira a tu alrededor 360 grados y todo empieza a funcionar.

Gracias Loli por tu aportación sobre el tema, tan necesario para hacer un mundo mejor.

Ana Martínez. Emprendedora

El cristal donde te miras marca un antes y un después en la concepción que cada lector pueda tener sobre sí mismo...Mediante una lectura fluida, descubrirás que la causa de una imagen apagada, borrosa o distorsionada sobre tu persona, son tus creencias .Dolores te guiara a sanar las heridas que esos patrones de pensamientos han generado en ti y así llegar a ver la luminosa y resplandeciente imagen que realmente puedes proyectar.

Estefanía Abaroa, autora de la saga Re-born

Un libro que irradia verdad y sentimiento. Un libro analizado desde el conocimiento psicológico pero, en realidad profundamente sentido vivido, que releva el poder que tiene trascender el dolor de nuestro día a día, para crecer con la experiencia vivida. Un libro que merece ser leído entre líneas, para aprovechar esa increíble vocación de ayuda que inspira a su autora.

Gracias Loli

Elvira Cobas. Enfermera

Qué bonitos mensajes tienen tus libros, es maravilloso poder impactar mi mente con estas lecturas! Son súper recomendables son inspiradores! Millones de gracias por compartir tu saber, tu experiencia.

Viviana Mireno. Prof. en ciencias jurídicas y contables, maestra de reiki, lector de registros akashicos, esteticista

En este libro su escritora nos muestra de forma sencilla como ganar confianza y seguridad en nosotros mismos y nos invita a amarnos, deseando tener la trilogía completa, muchas gracias Loli

Rocío Oca Romero.
El compromiso de tu vida

INTRODUCCIÓN

En ***LAS TINIEBLAS DE TU INTERIOR*** pudiste ver esa oscuridad en la que estabas metida y te mostré el camino que tanto ansiabas encontrar: tu **felicidad.**

Ahora tienes en tu mano ***EL CRISTAL DONDE TE MIRAS***, con el que vas a poder transformarte y definitivamente quitar todos esos miedos que te perturban, restaurar y sanar las heridas que te hirieron, ser una persona única y saber qué es lo que has venido a hacer a este mundo. Porque tú eres una estrella y viniste a brillar.

Querida lectora, este nuevo desafío puede ser duro, incluso doloroso en algún momento, porque vamos a profundizar en las heridas de tu corazón para poder sanarlas, pero será mucho más transformador.

¿Estás preparada para ponerte en acción ya?

¡Pasa la página y comenzamos!

Pero ante todo recuerda...

MI PROPÓSITO ES TU BIENESTAR. SÉ FELIZ

Te amo.

¡QUÉ INTERESANTE QUE ESTÉS AQUÍ!

He confiado en ti, sabía que eras especial y que no abandonarías la batalla. Quiero darte la bienvenida a este segundo libro de la trilogía *LAS TINIEBLAS DE TU INTERIOR.*

EL CRISTAL DONDE TE MIRAS es ni más ni menos que el reflejo de lo que ves cuando te miras dependiendo del momento, de cómo te encuentres y de la situación por la que estés atravesando. Cuando yo me miraba no me conocía, y tardé varios años en saber cómo era y lo que había venido a hacer a este mundo. Así que, si te sientes así, no te preocupes, yo sentí lo mismo que **TÚ.**

Descubrí que tengo fuerza, valor y coraje, y creo fervientemente que tú también lo tienes, porque volver a intentar, renacer, reinventarte, regenerarte y resurgir es tu esencia.

Justicia, coraje, valor, humildad, ímpetu, compasión, poder, fe, valentía, confianza y esperanza, estos son algunos de los dones que tú tienes en tu interior.

Tienes que MIRARTE AL ESPEJO y aprender de los fracasos, volver a intentar lo que no conseguiste, insistir y persistir ante las adversidades, trascender el dolor, transformarte en el fuego de tu sufrimiento.

Es nacer nuevamente, una y otra vez, cada vez que así lo requiera tu vida, pero fortalecida y enriquecida por la enseñanza de la experiencia; eso es crecer, tener la capacidad de resiliencia y perder una batalla, pero no morir en ella.

En la vida siempre hay un momento clave en el que tienes que "renacer" si quieres un cambio. Tienes que quemar tu antigua vida si pretendes una transformación verdadera.

Entonces has de resurgir de tus propias cenizas, levantarte y emprender un nuevo vuelo, habiéndote nutrido del fuego del amor que te transforma.

Un nuevo inicio, un nuevo comienzo, un nuevo principio tras otro.

¿Y qué es la vida si no eso?

Un continuo renacer…

¿QUIÉN SOY YO?

¿Quién soy yo?

¿Te has planteado alguna vez esta pregunta?

No sé si alguna vez te has puesto en frente de un espejo y has sentido que estabas delante de una persona extraña a la que no conoces; no sabes quién es, qué quiere ni cuál es el sentido profundo de su vida.

Quizás hayas experimentado una sensación de vacío, de no saber para qué estás viviendo ni qué estás haciendo durante cada día y cada minuto que pasa. Incluso quizás desconozcas si esas emociones que te mueven son en realidad tus motivaciones.

Quizás sean de otras personas, pero tú las estás llevando sobre tus hombros como una gran carga pesada e incómoda.

A mí esta pregunta es de las que me gustan porque te hace pensar, y supongo que porque cuando me la hice a mí misma cambió mi percepción sobre quién era.

De lo que primero me di cuenta fue de que, en realidad, por aquel entonces ya pasaba los cuarenta años y no tenía ni idea de quién era yo realmente.

Si ahora yo te hiciera esta pregunta, ¿qué me contestarías?

Si lo escribes en un papel, podría ser una buena manera de empezar y entrenar tu conciencia.

¡VAMOS!

Mientras haces el ejercicio...

Quiero presentarme. Me llamo Dolores. Nací en el año 1960 y, como la mayoría en esa época, no sabía quién era ni cuál era mi misión de vida; solo seguía un patrón estipulado de lo que anteriormente ya habían hecho mis padres, encontrándome al cabo de los años con que esa vida no era la que yo quería vivir. Me sentía mal, no era feliz aun teniendo familia e hijos.

Hasta que un día sentí que no podía seguir en esta situación y me di cuenta de que no era cosa de los demás, era yo la que llevaba ese malestar en mi interior. Me sentía atrapada en un círculo, ya había entrado en la monotonía y en la desgana, pero no podía salir, y no porque no quisiera, sino porque no sabía cómo hacerlo. Intenté cambiar mi entorno, aunque fue inútil, pues no tenía desarrollado en mí aquello que necesitaba para salir a flote, y me invadía el miedo.

Pero algo había que cambiar en mi vida porque tal cual estaba ya no quería seguir.

Pero...

"¿Qué hago para cambiarla? ¿Por dónde empiezo? ¿Es posible encontrar lo que anhelo?".

Todas esas preguntas me las hice y necesité escuchar a mi interior para poder encontrar respuestas a esas y otras muchas más.

Comenzó la búsqueda de mi verdadero ser, teniendo una sanación del alma. Fui a buscarlo en mi interior, empecé a trabajar en mí y a escuchar lo que decía mi corazón.

Lloré, grité, pataleé y liberé toda la rabia contenida, la ira y la impotencia.

Transformé el dolor que estaba sintiendo en compresión, compasión, perdón y amor, primero hacia mí misma y después hacia los demás.

Así fue como me sumergí en el mundo del tarot, la meditación y la superación personal.

Leí todos los libros que pude referentes a estos temas, me formé con grandes maestros y llegué a encontrar realmente mi pasión. En todo este proceso me di cuenta de que me estaba dejando guiar por los demás por miedo a no gustar, a no caer bien o simplemente a estar sola. Perdí mi esencia, mi identidad, eso que nos define como únicos.

Todo lo que vas a encontrar en este libro me dio resultado a mí. Por ello tenía que llevar mis conocimientos a todas aquellas personas que estuvieran pasando por un momento parecido para que ellas también pudieran transformar sus vidas.

Fue un camino duro, con muchos miedos, dejando atrás una separación y una vida ya formada, con muchos llantos y muchos recuerdos en mi mente. Las ilusiones del pasado fueron truncadas por una decisión que era necesaria para poder encontrarme como persona. Pero, como te expliqué en **Las tinieblas de tu interior**, sabemos que la vida es cíclica. Una vez pasado el dolor, esa oscuridad en la que estás metida, no sabes qué hacer con tu vida e incluso te entra la duda: "¿Lo habré hecho bien? ¿Era necesario esto?".

Pero hoy te puedo decir que **sí**, era necesario pasar por todo esto. Las situaciones del pasado me llevaron a la maravillosa vida del presente, por eso agradezco cada una de las experiencias que me guiaron a la superación y a la transformación.

Tuve que dejar mi modelo mental viejo, del pasado, y forjar un modelo mental nuevo, basado en el perdón y en el amor.

Cuando te trabajas el **perdón**, el **amor** y sobre todo la **aceptación**, vuelves a ver la realidad de muchas cosas, la que antes no veías.

Cuando me hice 100 % responsable de mi vida y asumí que nadie iba a hacer nada por mí, que yo era la que tenía que abastecerme sola, aprendí que soy una persona plena y completa, que no necesito que nadie me complemente ni me dé nada externo, que todo lo tengo en mi interior, solo tengo que exteriorizarlo y entregarlo al mundo, y él me lo devolverá multiplicado.

Pero no puedes dar lo que no tienes, entonces solo cuando entiendas que todo comienza y termina en ti podrás tener la vida que siempre soñaste.

El cambio es posible, yo lo conseguí y tú también podrás, pero solo si lo deseas con todo tu amor y desde tu interior, sabiendo que no será fácil, pero tampoco imposible.

Todo lo que está en este libro es una recopilación de lo que estudié y puse en práctica.

Inténtalo y compruébalo.

¿Qué vas a perder? Nada.

¿Qué vas a ganar? Todo.

¿Hiciste el ejercicio? ¡Como ves, no me he olvidado!

¿Y tú quién eres?

Si no encuentras respuesta a esta cuestión no es porque no lo sepas, sino porque quizás nunca te has parado a pensarlo o porque te da vergüenza admitir quién eres en realidad. Estás aquí para brillar, eres una flor destinada a florecer.

La dificultad consiste en admitir que esa luz desea brillar con fuerza dentro de tu interior, como un sol que de forma constante está tapado por las nubes, por las nubes del pensamiento, que nos dicen quiénes somos para hacer esto o aquello, que esto hay que hacerlo de esa determinada manera o que la vida es así y ya está.

El conocimiento profundo de ti misma hará posible que veas esa luz que cada uno lleva dentro, ese brillo, esa esencia que de forma habitual llevas oculta por miedo a que se vea demasiado, por miedo a brillar.

Quiero darte las gracias por permitirme en una segunda oportunidad compartir mi experiencia contigo y seguir con tu transformación.

Pasa la página, nos vemos allí, pero no sin antes decirte...

ERES ÚNICA, ¡NO LO OLVIDES!

Te amo.

1.

EL TIEMPO NO ES LINEAL, SINO CÍCLICO

¿Sabes que el tiempo es un concepto que inventaron los romanos?

¿Te has parado a pensar que existen otras modalidades de tiempo?

El tiempo lineal es el que conoces y en el que vives, es el que sustenta nuestra sociedad, y fue creado por los romanos hace unos dos mil años.

Este tiempo es lo que conocemos como el paso de nuestra vida cotidiana, asimilando lo que este paradigma propone como pasado, presente y futuro.

El tiempo lineal va desde el pasado al futuro y pasa brevemente por el presente.

El tiempo circular, por el contrario, lo que nos plantea es que el tiempo **es único**, y puedes alterar el orden de cómo quieres modificar tu futuro. El futuro es posible cambiarlo desde el pasado; asimismo el pasado lo puedes cambiar desde el presente, y el presente desde el futuro.

¿Por qué te cuento todo esto? Porque puedes cambiar lo que no te guste en tu presente. Ya te expliqué en el primer volumen, **Las tinieblas de tu interior**, que dependiendo de la emoción que tengas así crearás tu realidad. Los pensamientos traen consigo una emoción y, por ende, un resultado. Por lo tanto, tienes la posibilidad de cambiar en tu presente lo que no te guste o con lo que no te sientas cómoda, y eso hará que tu futuro sea totalmente distinto.

Diariamente entramos en un contacto atemporal, en el que podemos definir en qué tiempo nos estamos moviendo. Este estado se produce cuando nos adentramos en la fase del sueño, durante nuestro tiempo onírico.

En nuestros sueños es donde expresamos con el lenguaje de nuestro inconsciente nuestro psiquismo en el estado más puro.

¿Te ha pasado que en alguna ocasión durante tu sueño te has encontrado con personas que ya no están o en lugares que nunca visitaste? La percepción del tiempo cada vez la sentimos de manera más acelerada, y no tenemos demasiado tiempo para cuestionarnos lo que en realidad sucede a nuestro alrededor.

Las prisas a las que nos vemos sometidos nos llevan a una percepción de escasez en el tiempo.

Presta atención y podrás comprobar que cumplimos un rol específico dentro del sistema, que es irremplazable: nacemos, crecemos, nos reproducimos y morimos. Y esto son las cuatro etapas de la vida de cualquier persona o ser vivo, sea de la forma, tamaño y color que tenga.

Verás que la vida es un ciclo de cuatro etapas, pero dentro de este gran círculo existen otros más pequeños que se cumplen a medida que vas creciendo, madurando o avanzando en tu vida hacia tus deseos.

Estos son ciclos de éxito o de fracasos de tu vida, según cómo tú decidas vivirlos, y de estos dependerá cómo hayas recorrido el gran ciclo de tu vida, hasta llegar a tu muerte.

Empiezas en una situación cero en tu vida, un suceso que normalmente es traumático, y ese suceso escala hasta un punto máximo, en el que tú te haces cargo de él, buscas la solución y lo resuelves, y luego tu estado emocional se restablece a lo que llamamos **"felicidad"**.

Así trascurre tu vida, a partir de pequeños ciclos que suceden a otro hasta llegar el momento en el que se dé el último, y es cuando tu vida en este plano terrenal llega a su fin.

Todo depende de las decisiones que tomes en el momento de resolver esos conflictos traumáticos y de cómo gestiones tus pensamientos y emociones al solucionarlos (si es que los solucionas).

Para ello ya te di herramientas en el primer volumen para saber cómo tratar tus emociones y gestionarlas, pero ahora te mostraré más específicamente cómo ir cerrando heridas de tu vida pasada y así ir dando por finalizados esos pequeños ciclos que pudieran ir quedando abiertos sin cicatrizar.

Cada cierre de estos ciclos será un renacer mucho más elevado, la consciencia estará más abierta y preparada para un nuevo ciclo.

Tu vida cambia cada siete años. Teoría de SEPTENIOS

La teoría de los septenios es uno de los pilares de la antroposofía, una línea de pensamiento creada por el filósofo Rudolfo Tener. En ella se establece una especie de **"pedagogía del vivir"** del ser humano, que interactúa con todo el universo. Ese pensamiento ve la **vida** de forma cíclica a partir de la observación de los ritmos de la naturaleza, divididos en fases de **siete años.**

Dicha materia constituye un puente para comprender la biografía humana y los cambios que en ella acontecen. Cada ciclo es variable y tiene sus propias características, prestando una atención especial a la maduración física, la maduración anímica y la maduración espiritual.

El número siete es un número místico dotado de mucho poder en casi todas las culturas conocidas... Por eso la naturaleza respeta una subdivisión en múltiplos de siete.

¿Qué tal hasta aquí? ¡Interesante!, ¿verdad?

Bien, pues vamos a desarrollar cada uno de los septenios para que lo comprendas mejor.

En los tres primeros ciclos, que van desde los 0 a los 21 años, el cuerpo madura y se forma la **personalidad.**

Primer septenio: 0 a 7 años. La importancia del calor

Nace el cuerpo físico. Es importante la gestación, ya que las enfermedades que puedan existir en este septenio son en gran medida consecuencia de cómo fue el embarazo de la madre. También es importante saber los procesos que ocurren sobre los tres meses, es decir, el desarrollo psicomotor del niño y, segundo, las enfermedades que pueden entenderse como de vida o muerte. ¿Qué es lo que los padres tienen en sus mentes en el momento de concebir a ese niño? Es una de las preguntas fundamentales, y la respuesta nos dirá cómo el niño hace lo que hace o por qué se comporta de una manera determinada. Es una edad clave para el gran ciclo de vida.

Segundo septenio: 7 a 14 años. Se forja el temperamento

Alrededor de los 6 años el niño empieza a perder los dientes de leche, esto es un comienzo de cambio, y el sistema nervioso ya está desarrollado y listo para empezar su etapa escolar. En este septenio empieza a formar su temperamento, que puede ser colérico (fuego), sanguíneo (aire), melancólico (tierra) o flemático (agua).

Tercer septenio: 14 a 21 años. Diferencia entre niños y niñas

Hay diferencia entre el comportamiento entre niños y niñas. Las niñas se vuelven más introvertidas, y los niños comienzan una etapa de rebeldía. También comienzan a buscar a los amigos que quieren tener y con los que tengan mayor conexión a nivel cárnico.

Llegada la edad de los 18 años, ocurre el nodo lunar, donde el sol, la luna y la tierra están en la misma ubicación que cuando nacimos, y es entonces cuando nos cuestionamos: "¿Qué vine a hacer yo a este mundo?". Hay una mayoría de jóvenes que en edad universitaria toman de elección una carrera sin tener claro qué quieren hacer, cambiando su elección más adelante por una más acorde con su vocación.

Los tres ciclos siguientes, desde los 21 hasta los 42 años, son conocidos como **septenios del alma**. Es la fase en la que, una vez superadas las experiencias básicas de la vida, la persona se inserta en la sociedad y toma su camino, encuentra su propósito de vida. Solo a partir de los 42 años, en los últimos septenios, se vive la vida con **espiritualidad, madurez y profundidad.**

Cuarto septenio: 21 a 28 años. Un paso a la adultez

Es un septenio de experimentación de vivencia, tanto como de diferentes viajes y trabajos. Hay una búsqueda para saber si los amigos en ese tiempo son los adecuados y la carrera que se eligió la correcta; hay más calma.

A los 28 años hay una crisis, dejas de tener creatividad y, por ende, dejas de tener la inspiración y comienza la traspiración, que quiere decir que lo que anteriormente hacías con facilidad ahora lo dejas de hacer con esa fluidez de ideas, y es necesario mucho más esfuerzo para poder lograr los objetivos.

Quinto septenio: 28 a 35 años. Apertura a lo no espiritual

Es cuando te sitúas en el lugar exacto, cuando uno decide qué es lo que vino a hacer. Se podría decir que estamos en la mitad de los septenios del cuerpo y del espíritu, lo que se produce del "**AQUÍ ESTOY YO**". Entramos en nostalgia por lo no vivido, pero al mismo tiempo se produce una apertura a la espiritualidad.

También tenemos el ego terrenal en la mitad del desarrollo corporal y la espiritualidad, y es muy difícil de tratar después de los 33 años.

Esto significa que hay nuevas etapas en el desarrollo del ser humano, en las que se destaca la organización que tiene ÉL en el mundo actual, y es así como forma parte de esta organización del YO terrenal de la persona, siendo muy difícil de rehabilitar.

Sexto septenio: 35 a 42 años. La etapa del reconocimiento y el perdón

Esta vez se produce el segundo nodo lunar, que nos llega a los 37 años y nos hace cuestionarnos si estamos haciendo bien las cosas que tenemos que hacer en esta vida. Tenemos el poder de reconocer que hay problemas, que no somos perfectos, y nos permite asumir lo que está pasando alrededor de nosotros y poder hacernos cargo de ello. Es un periodo de vivencia, de perdón hacia los padres, y paralelamente a estas vivencias también tiene lugar el decaimiento del cuerpo físico. Es fundamental que no decaiga nuestra alma con el cuerpo, porque tenemos la oportunidad de prepararnos para el siguiente ciclo de septenios, el ciclo espiritual.

Séptimo septenio: 42 a 49 años. Es tener energía creativa

Comienza el desarrollo de los **septenios espirituales**, los que nos traen habilidades para poder mirar más lejos las cosas, sin quedarnos atrapados en ellas. Se pueden separar los hechos más fácilmente con objetividad y desapego.

Octavo septenio: 49 a 56 años. La entrega hacia el otro

Es una etapa de nuestra **vida** en la que nuestro corazón se vincula con el mundo desde el compromiso y la compasión. Nosotras tenemos nociones más elevadas de vincularnos, las cuales nos demuestran la presencia del espíritu en esta etapa de vida.

A los 55 años y medio entramos en el tercer nodo lunar, que representa una energía de introspección hacia dos puertas de autoconocimiento; la primera es cuestionarnos si lo que hicimos es lo que teníamos que hacer, y la segunda es qué podemos hacer todavía.

Noveno septenio: 56 a 63 años. Saturno y el espíritu de la tierra

Es frecuente una búsqueda de soledad, impulsada por la energía de Saturno, que trae su sabiduría espiritual y su guía, y hacemos una reflexión de lo vivido en los anteriores septenios. Saturno nos da la energía para contactar con el espíritu y la tierra.

Hay dos crisis que pueden estar en este septenio. La primera es a nivel afectivo: conflictos con la sociedad, con la familia, con los hijos o con los compañeros.

Si los conflictos que surgen, como, por ejemplo, la partida de los hijos de casa, no son superados, pueden dar lugar a una depresión.

La segunda crisis puede tener una apertura de conciencia por el espíritu, que llama a despertar, manifestándose en la búsqueda de la justicia la verdad de la libertad o de la fraternidad.

Lo que busca este despertar espiritual es poder manifestarse en la persona a través de la acción y la voluntad para empaparse en la vida de la persona de forma activa en su día a día y superar las crisis anteriores sin temores ni ataduras, desarrollando así la esencia espiritual.

A partir de los 49 años, comienza el ciclo de los septenios nuevamente, así es que de los 49 a los 56 se repite el primer septenio, de los 56 a los 63 el segundo, y así sucesivamente se van repitiendo hasta llegar a la muerte.

¿Me sigues hasta aquí?

¿Entiendes mejor por qué tu vida es como volver a renacer? Porque termina un ciclo y empieza otro, estás continuamente haciéndote más sabia. Pero también podrás observar que a partir del quinto septenio las personas nos empezamos a cuestionar la vida que estamos viviendo y que hemos construido hasta ese momento. Es entonces cuando tenemos que trabajar sobre una buena construcción para subsanarla y continuar con una buena estructura firme.

Te diré que tienes que restaurar las zonas deterioradas de **"ese interior"**, que cambies esas bigas rotas, pongas ladrillos nuevos, pintes de colores esas paredes y sigas construyendo nuevas paredes y lugares bonitos para poder disfrutar.

"Para cambiar tu vida por fuera debes cambiar tú por dentro. En el momento en el que te dispones a cambiar, es asombroso cómo el universo comienza a ayudarte y te trae lo que necesitas".

Louise Hay

Recuerda que en el volumen anterior te hablé de que debes tener conciencia y claridad para saber hacia dónde quieres que vaya encaminada tu vida, ten la decisión y el compromiso y continúa hasta que lo consigas.

Así que te insisto para que me acompañes en las siguientes páginas y empieces a ser quien realmente quieres ser...

Pasa la página, nos vemos dentro, pero antes te diré...

DISEÑA EL CAMBIO QUE DESEAS

Te amo.

2.

¿CÓMO REINVENTAR TU VIDA?

Reinventarte a ti misma significa dejar ir las cosas que actualmente te están reteniendo, dejar hábitos, rutinas y responsabilidades que te están impidiendo vivir la vida que tú deseas.

Reinventarse es cambiar totalmente la dirección de vida que llevas actualmente.

Es tomar un nuevo concepto de decisiones y formar un nuevo camino que amplíe las oportunidades y las posibilidades. Pero para cambiar tu vida primero has de cambiarte a ti misma, y para poder cambiarte es imprescindible pasar por un proceso de autodescubrimiento.

Este proceso implica encontrar nuevas formas de pensar y de hacer las cosas, lo que incluirá nuevos hábitos y rutinas que te ayudarán a adaptarte a la adversidad de la manera más óptima.

Reinventarse es establecer un nuevo conjunto de metas y objetivos, y posteriormente trazaremos un patrón y comportamientos que estén alineados con las metas que deseamos conseguir... Pero de esto te hablaré un poco más tarde.

Reinventarse va a requerir algún que otro sacrificio. Posiblemente tendrás que renunciar a cosas o personas a las que has estado aferrándote durante muchos años.

Necesitarás una gran energía mental, planificación y enfoque. Probablemente tengas que desafiarte a ti misma y a tu perspectiva de la realidad.

Cuando te reinventas a ti misma estás construyendo una mejor versión de ti. Esto requiere un compromiso con el crecimiento y el desarrollo, el compromiso de hacer las cosas de diferente modo y ser consciente de que lo puedes conseguir, de que no es un imposible.

Todo este viaje de reinvención posiblemente no será fácil, pero tú eres la persona que está deseando este cambio, y solo tú serás capaz de conseguirlo y de superar todos los obstáculos que encontrarás en el camino; y todo comienza cuando te comprometes a cambiar tu forma de vivir y a actuar con el mundo que te rodea.

El DESTINO ofrece la OPORTUNIDAD de REINVENTARSE para crecer hasta el INFINITO.

Y ahora que hemos visto que quieres reinventarte, el destino te está dando esta oportunidad y sabemos que puedes conseguirlo. ¿Qué te parece si empezamos desde el principio?

El **punto de partida** es donde comenzó todo, en ese instante de tu vida en el que fuiste concebido, en el que el espermatozoide de tu padre fue fuerte y valiente y pudo atravesar las paredes firmes del óvulo de tu madre, que se fundieron en un solo núcleo; es justo entonces cuando comienza tu camino de la vida.

Fue una décima de segundo, en la que pasaste a **"ser"**. Un instante antes de la concepción **no existías**, y un instante después ya **"eras"**.

Desde ese momento en adelante tu crecimiento, desarrollo y maduración se unen y son instantes en el espacio, y suceden acontecimientos que te marcarán emocionalmente. Esta es tu verdadera realidad, no las apariencias que **tú** crees que son reales. Esto comienza en el útero de tu madre, y es en el primer septenio de vida donde se codifican las creencias más profundas; esto se llama **"proyecto sentido"**, y es el clima donde se gesta el futuro bebé.

Proyecto sentido es un concepto desarrollado por el psicólogo francés Marc Frechet y hace referencia a lo que ocurre en torno a la concepción y las circunstancias de la vida de los padres, pero principalmente de la madre, desde los nueve meses antes de la concepción hasta los tres años después del nacimiento. Es decir, el proyecto que tus padres tenían para la vida de sus hijos, tanto de forma consciente como inconsciente, y si deseaban que fuera niño o niña; en definitiva, todas las circunstancias del embarazo, la relación de pareja entre los padres, etc.

En ese periodo se proyectan en la mente y el cuerpo del hijo todos esos anhelos, proyectos y deseos, pero también los temores que pudieran tener a nivel familiar. Todo esto unido lleva a reproducir unas historias vividas en el ámbito familiar, ya sea por repetición, oposición o por reparación, y todos estos sucesos son los que marcarán la vida del hijo.

El inconsciente de la madre y del hijo están fusionados desde la concepción hasta el tercer año del niño, por tanto, el bebé se construye en el sistema de representación del espíritu materno.

Las experiencias vividas por la madre se programan epigenéticamente en el embrión y son vividas como propias en el futuro hijo.

En el vientre materno vivimos los estados emocionales de nuestras madres, impactos que recibimos en el periodo de formación y crecimiento de toda nuestra biología. Todos los óvulos de la mujer se crean en el periodo de gestación, así cuando una mujer nace ya trae consigo los óvulos de sus futuros hijos, que reciben la información de su abuela materna durante la gestación de su madre.

¿Me sigues hasta aquí? ¡Interesante!, ¿verdad?

Bien, sigamos…

El hijo es la solución inconsciente a los problemas, proyectos y conflictos de los padres. El deseo en el que somos concebidos determinará nuestro carácter y hasta nuestro desempeño en la vida; incluso enfermedades y creencias actuales pueden tener origen en el proyecto sentido.

Tipos de proyecto sentido. Existen proyectos que serán positivos, pero otros, en cambio, nos bloquearán toda la vida. Hay proyectos de fidelidad familiar, niños accidente o hijos de sustitución, hijos que son concebidos para ser un apoyo en la vejez, en las urgencias, en el abandono, etc.

Todas estas circunstancias deberán ser analizadas detenidamente porque el trabajo de toma de conciencia será fundamental para que la persona comprenda el origen de las situaciones que se producen en su vida.

Te pondré un ejemplo: una madre que se casa y no conoce a su marido como ahora se conocen (antes llegabas al matrimonio sin saber los gustos y comportamientos de la otra persona). Pasado un tiempo, la madre se da cuenta de que no es la persona de la que se enamoró ni le gusta la vida que lleva (como te explico en el libro **Las tinieblas de tu interior**, solo siguió un patrón, como habían hecho anteriormente su madre y su abuela). Entonces entra en una depresión y el médico le aconseja que tenga un bebé, que se le pasará. Eso es proyecto sentido, ese bebé no es concebido por cariño y deseo, es concebido para una misión determinada. ¿Qué crees que le pasará a ese niño en un futuro? Será propenso a enfermedades, tendrá miedo, inseguridades y no podrá llegar a culminar sus deseos por sentirse atrapado; esas son algunas de las patologías que padecerá.

Así que es muy importante saber si en el momento de concepción fuiste un bebé deseado y cómo estaban tus padres.

Ahora sabes que la información que guardan tus tatarabuelos, bisabuelos, abuelos y padres juega un rol importante a la hora de comprender y ver claramente **"para qué"** te pasa lo que te pasa y por qué estás con quien estás y sufres. Es el **inconsciente familiar** que existe en ti.

Tomar consciencia de esas cargas que has ido generando te permitirá liberarlas, y ya no hará falta que las sigas reproduciendo en tu vida.

Desde el mismo instante en el que tomas consciencia de los conflictos de todos tus ancestros, todos los tuyos también lo hacen, esa conexión existe.

Tú sanas, y todo lo demás sanará. Has de liberar esa carga que estás arrastrando. Limpia, purifica y suelta tu historia y toda la de tus ancestros.

Has de vivir tu verdadera vida y no la de tus antepasados, tienes que cortar todo esto que es heredado, que son los que denominamos **"pactos inconscientes"**.

¿Tienes tu árbol genealógico? Elaborar un árbol puede llegar a ser una bonita actividad mediante la que descubrirás quién eres, de dónde vienes e investigar así quiénes fueron tus antepasados, cuál era su procedencia y a qué se dedicaron. Esto es una fuente de estudio llamada **"genealogía".**

Realizarlo te puede ayudar en muchos aspectos como:

- Transformar la manera de ver y entender a nuestra familia.

- Conocer una parte de antecedentes médicos, observando enfermedades que hayan padecido nuestros ancestros.

- Observar si las creencias, miedos y bloqueos están relacionados con la dinámica familiar y con las herencias transgeneracionales.

- Conectar con tu espiritualidad, comprender tu propio pasado y a la vez conectar con algo más grande. Al sentir que formamos parte de una cadena nos hacemos más conscientes de lo pequeños que somos.

- Acceder a informaciones que a nivel consciente no podemos ver y, sin embargo, a nivel subconsciente pueden seguir manifestándose.

¿Cómo se elabora un árbol genealógico?

Comienza recopilando datos y preguntando a tus familiares nombres y apellidos, fechas importantes (como nacimiento, matrimonio, fallecimiento, etc.), causas del fallecimiento, profesiones, cómo eran las relaciones entre diferentes miembros de la familia, acontecimientos significativos (minusvalías, historias de amor, etc.), así como los síntomas y enfermedades importantes que tuvieron los miembros de tu árbol genealógico.

Te voy a mostrar con más detalle los datos de estas personas que necesitas para poder confeccionar tu árbol genealógico porque me interesa que lo apliques.

1- Tú

2- Tus hermanos

3- Tus padres

4- Tus tíos maternos

5- Tus tíos paternos

6- Tus abuelos maternos

7- Tus abuelos paternos

8- Tus bisabuelos maternos

9- Tus bisabuelos paternos

10- Tu pareja

11- Tu suegra

12- Tu suegro

13- Tus hijos

Y de cada una de estas personas debes saber...

1- Nombre completo

2- Fecha de nacimiento

3- Fecha de defunción

4- Enfermedades

5- Profesiones, actividades

6- Accidentes o tragedias (si las hubiera)

7- Muertes inesperadas, asesinatos

8- Incestos, pérdidas, abortos

9- Violaciones, abusos

10- Divorcios, separaciones, matrimonios

11- Problemas con herencias

12- Violencia, maltrato, golpes

13- Adopciones

14- Problemas legales

15- Infidelidades, traiciones, secretos

16- Vida amorosa, vicios

17- Carácter, forma de ser de la persona

No te preocupes si no encuentras todos los datos requeridos. Todo lo que obtengas será bienvenido.

Una vez tengas todo, comenzarás a buscar lo que te gustaría sanar de tu árbol genealógico, todo eso que escondes y que te permitirá encender la luz de tu consciencia y comprender mejor esos conflictos, miedos, limitaciones, etc., y así liberarte de tus ancestros y descendientes.

"Los duelos no hechos, las lágrimas no derramadas, los secretos de familia, las identificaciones inconscientes y las lealtades familiares invisibles pasean sobre los hijos y los descendientes. Lo que no se expresa con palabras se expresa con dolores".

Anne Ancelin Schützenberger

Y a todo esto te preguntarás: "¿Cómo puedo sanar y limpiar lo que ya me viene por nacimiento e incluso de antes?".

¿Alguna vez has oído o te han dicho qué es el árbol genealógico?

Ejemplo de un árbol genealógico... (puedes ir añadiendo recuadros).

En el siguiente capítulo te lo explicaré, pero antes déjame decir...

TODO LO QUE SEAS CAPAZ DE CREER, ERES CAPAZ DE CONSEGUIR

Te amo.

3.

LIMPIEZA DEL ÁRBOL GENEALÓGICO

Tienes que ser consciente de la importancia de conocer tu árbol genealógico para poder sanar.

Profundizar en el conocimiento de tu árbol te ayudará a solucionar problemas emocionales, a mejorar relaciones y problemas emocionales y a entender ciertas enfermedades, para así encontrar respuestas a toda la inquietud de saber quién eres.

La prosperidad es un estado natural de ser, es vivir en gratitud, armonía y tranquilidad, en el perfecto estado de amor incondicional que genera el bienestar del alma; es vivir en alegría.

La prosperidad no solo es economía financiera, también es amor, dinero, salud, éxito, etc. Para conseguirlo, primero hay que vibrar en el amor, en la quietud del punto cero del eje central de cada uno: el corazón.

Pero hay cosas que sanar para llegar a ese estado.

Hemos vivido teniendo miedo al dinero, miedo a quedarnos solos, miedo a las enfermedades y al abandono, miedo a la vejez, y múltiples cosas más...

Te pondré un ejemplo. El miedo al dinero es muy frecuente tenerlo, tenemos miedo a la escasez, a que no nos alcance y a que nos dure poco... y todo esto genera una energía que hay cambiar. El dinero es una energía porque le damos la fuerza necesaria y nos sentimos más con el miedo que con la fe o el amor.

Y lo que tenemos que hacer es estar agradecidos al dinero por todo lo que nos aporta, como los beneficios materiales que nos brinda en la tercera dimensión; y es entonces cuando requerimos de esa energía.

Pero la escasez de dinero y su frecuencia se ha quedado grabada en nuestras células al nacer; a su vez, nuestros padres traen esa misma frecuencia y así sucesivamente.

Lo mismo sucede con los otros miedos. Las células tienen memoria celular y allí está guardada esa información, y es lo que llamamos **"memoria celular"**, el ADN cósmico, dimensional, que está guardado en nuestras células.

La memoria celular, el ADN dimensional, nos pone a resonar con la misma frecuencia que tenemos nosotros. Es lo que sentimos con todo lo que está en nuestras células, por eso atraemos todo tipo de escasez, sufrimiento, soledad enfermedades, etc. En algún momento de tu vida puedes atraer todo lo que te da miedo, y todo esto es una herencia que la vamos arrastrando de nuestro árbol genealógico de nuestros ancestros, que están allí y salen para ser sanados, es decir, cada cierto tiempo alguno de ellos decide venir (encarnarse) y vivir esa realidad para sanar un aspecto específico del árbol genealógico.

Lo que quiere decir, por ejemplo, que, si tienes frecuentemente abandonos de tus parejas, debes buscar en el árbol genealógico, donde encontrarás que algunos de tus ancestros sufrieron lo mismo, y eso es lo que tú estás viviendo en el momento que te ocurre; pero esto es para que lo sanes, y no solo a ti, sino a los ancestros y a toda la descendencia del árbol.

Es una situación que se repite porque busca salir para ser sanada, y es el momento de hacerlo. Limpia el árbol genealógico y cambiarás la realidad.

Todo ello es limpiar el ADN Y LAS CÉLULAS.

Te daré las pautas para sanar. Esta sanación puedes hacerla con la energía de **Magnified Healing**, que se trabaja con la energía de la intención; ya sabemos que el ADN es magnético y reacciona a la energía que enviemos con la intención.

Magnified Healing: su traducción es 'sanación magnificada'. Es una técnica energética considerada de la quinta dimensión e introducida para la sanación y la evolución de las personas y mediante la cual se logran armonizar los centros energéticos de forma rápida y eficaz.

Es una herramienta muy cualificada para trabajar a todos los niveles y planos. Por un lado, es un gran aporte en el crecimiento y desarrollo personal, ayudando al que lo recibe al autoconocimiento y la autosanación; por otro lado, es beneficioso a nivel terapéutico, ayudando a trasmutar energías negativas acumuladas y a seguir manteniendo el equilibrio.

Podríamos decir que es una técnica de sanación que permite armonizar o elevar la vibración a nivel físico, mental, emocional y espiritual de la persona receptora a través de la energía que desprende de sus manos.

Su finalidad es la alineación con la energía divina para así restaurar los niveles y prepararnos para la ascensión.

Esta técnica llega a nosotros a través de la maestra ascendida Kan Yin, conocida también como Diosa de la Misericordia en China o también como Buda de aspecto femenino en el budismo.

Te daré las pautas para comenzar a realizarla.

Primero. Escoger con mucha claridad el concepto que desees sanar (economía, enfermedades, miedo, etc.).

Segundo. Pedir permiso al Universo, Dios o Ser Superior, como tú lo identifiques mejor, para hacer esta limpieza-sanación, y explicar que lo haces con toda tu mejor energía de intención y con amor incondicional.

Tercero. Que esta limpieza sea hecha en armonía perfecta para ti, para cada uno de los ancestros y para las generaciones futuras.

Cuarto. Solicitar ayuda, protección y guía del maestro Saint Germain, del maestro Jesús y de todos tus maestros y guías espirituales y de cada uno de tus ancestros para hacer esta limpieza–sanación.

Quinto. Empezar con la limpieza del árbol genealógico de tu madre y pedir que se limpie .... (lo que tú quieras sanar en su origen: procedencia, causa, raíz, efecto y trascendencia), en todos los ancestros por parte de tu madre en este tiempo y en todos los tiempos. En esta dimensión y en todas las dimensiones. En esta vida y en todas las vidas anteriores. En este universo y en todos los universos. Y esto lo tienes que repetir de cinco a siete veces, todas las que tú consideres oportunas, pero siempre en número impar.

Sexto. Continuar de la misma manera con la limpieza del árbol genealógico de tu padre. Y repetiremos exactamente igual que en el de la madre.

Séptimo. Imaginar una llama naranja. Visualizar o pensar que esta recorre todo el árbol genealógico, sea de la madre o del padre, y pedir que la llama limpie, sane y trasmute toda la energía que quieres sanar en lo referente a ……. contenida en los ancestros. Repite tres veces y agradece a la llama por permitir esa libertad.

Octavo. Solicitar de limpieza kármica ancestral …….. lo que quieres sanar, qué quieres limpiar, para liberar todo el proceso kármico que involucre el …….. en el árbol genealógico. Invoca a la llama platino para la liberación de todo lo relacionado con lo que quieras sanar en el árbol genealógico.

Noveno. Solicitar a la llama dorada para que bañe todo el árbol genealógico y cierre todos los huecos en los que se liberó energía del concepto que quieras sanar.

Décimo. Agradecer a los ancestros por permitir esta limpieza-sanación.

Decir **"lo siento mucho"**, **"perdóname"**, **"estoy agradecido"**, **"que así sea"** y **"así es y así será"**. Repítelo tres veces.

¿Me sigues hasta aquí? ¡Interesante!

Y, por último, pedir perdón y estar agradecidos a la energía que hemos sanado (salud, dinero, amor), pero siempre desde el amor y el corazón.

Pedir perdón por el miedo que hemos sentido y agradecerle su presencia entre nosotros.

Decir: "Energía, **te pido perdón por haber tenido miedo y te agradezco todos los beneficios que me brindas"**.

Cuando sanas tu árbol, sanas tus heridas del alma.

Estas son algunas de las herramientas para poder eliminar esas creencias limitantes que no nos dejan avanzar hacia delante.

Viniste a sanar.

Te amo.

4.

PERDONAR U OLVIDAR

Es bastante común escuchar a personas que viven esperando que alguien les pida perdón. También puede que hayan asumido que eso nunca ocurrirá, y aun así mantienen ese sentimiento maligno dentro de ellas.

Solemos olvidar o ignorar que el **verdadero perdón nunca vendrá de fuera, sino que ha de nacer de uno mismo.** Tenemos que perdonarnos a nosotros mismos.

Perdonar no significa olvidar los momentos más duros, pues es precisamente cuando mejor nos vamos a conocer, pero quedarnos anclados a ese dolor y sentirlo con frecuencia no nos ayuda a sanar, sino todo lo contrario, nos mantiene con la herida abierta.

APRENDE A DAR LA VUELTA AL DOLOR

Tienes el poder de a ese dolor darle la vuelta y aprender de la experiencia.

Tienes que tomar consciencia de que **esa rabia que sientes te hace más daño a ti que a la otra persona.** La persona que te causó el dolor puede estar arrepentida o no, pero eso no cambia tu situación.

Guardar rencor es como coger un hierro hirviendo, el que se quema eres **tú**.

Tienes que recordar lo sucedido sin que te duela para aceptarlo como un juego más de esta vida. Tenemos que **vivir el perdón más como una decisión que como un sentimiento.**

Cuando decides perdonar o perdonarte por algo, estás abriendo las puertas de tu propia prisión, estás dejando paso a la liberación que supone deshacerte de un peso enorme que no te deja avanzar.

Cuéntame en estas líneas qué te está pareciendo hasta aquí.

____

____

____

5.

HAS DE SER CONSCIENTE DEL DAÑO PARA EMPEZAR A PERDONAR

Reconoce cuál ha sido el daño.

¿Qué te ha pasado?

No tengas miedo, simplemente tómate tu tiempo para reflexionar de la forma más objetiva posible sobre la causa que provocó esa herida que te cuesta tanto cerrar.

¿Es algo que hiciste y que no te has podido perdonar?

¿Es algo que dijiste en un momento descontrolado y estás arrepentida?

¿Es algo que hizo alguien querido y que te hizo sentir muy mal?

¿Tu pareja te ha sido infiel?

¿Sientes que alguien destrozó tu vida?

¿Culpas a tus padres por la educación que te dieron?

¿Culpas a un ser querido porque murió y te sentiste abandonada?

Este ejercicio puede ser doloroso, pero es importante que lo realices. Es necesario sacar todo lo malo que te puede llegar a enfermar. Así será posible hacer una limpieza a fondo y poder implantar buenos pensamientos en tu mente.

¿Qué dolor es el que identificaste? Anótalo aquí...

____

____

____

Te amo.

6.

¿QUÉ EMOCIONES IDENTIFICASTE?

Debes ser consciente de lo importante que es fijar tu atención en qué emociones surgen de ti, que generalmente son esos sentimientos que sin darte cuenta asociaste a los momentos vividos y que te dificultan romper con todo y liberarte. Suelen ser emociones como **el miedo, la vergüenza, la rabia, la culpa o la ira.**

Intentamos ocultarlas para que no salgan a la luz, pero precisamente lo que nos conviene es identificarlas, ponerles nombres y darles las gracias por la función que en ese momento desempeñaron. Solo sabiendo lo que sentimos podremos decidir qué es lo que nosotros queremos sentir.

Todas las emociones nos enseñan algo positivo y negativo, por eso son útiles y existen, pero no siempre podemos entender por qué las sentimos nosotros.

HABLA DEL DOLOR Y PERDÓNATE

Saca la rabia, la ira y el enfado que llevas dentro. Te dejo estas líneas para que puedas escribir. Grítalo, háblalo con alguien de confianza y **suelta, suelta, suelta.**

Perdonar significa dejar marchar el dolor, soltar el lastre que nos impedía avanzar y caminar sin cargas hacia un futuro limpio.

Perdonar es un proceso, y como todo proceso necesita de tiempo para consolidarse.

Pero la decisión de perdonar es total, llegas a un punto en el que decides vivir en el compromiso de seguir hacia adelante y estar en el presente, aquí y ahora.

No olvides que, cuando perdonamos, nos estamos perdonando a nosotros mismos. Aceptar los errores de otros nos ayuda a aceptar los nuestros.

"El perdón es un regalo silencioso que dejas en el umbral de la puerta de aquellos que te han hecho daño".

Robert Enright

Ahora te hablaré de una técnica de sanación muy poderosa... pero antes decirte que:

PARA RESOLVER ESTA SITUACIÓN, ANALIZA LA OPINIÓN DE LA OTRA PERSONA.

7.

¿QUÉ ES HO'OPONOPONO?

Probablemente esta sea una palabra que hayas escuchado alguna vez sin prestarle mayor importancia, pero la realidad es que es una herramienta sanadora como pocas y tiene un potencial enorme para cambiarnos la vida. Ho'oponopono es una valiosa técnica de sanación y limpieza que nos libera de los bloqueos y de las creencias limitantes que afectan a nuestra conciencia del SER.

La limpieza con afectaciones corporales y mentales se logra repitiendo las palabras "lo siento", "perdóname", "te amo" y "gracias".

Cuando aceptamos esta responsabilidad, todo cambia en nuestra vida.

Un ejemplo. ¿Has escuchado alguna vez a alguien decir que en un restaurante se come superbién y a otras personas que, por el contrario, no repetirían de lo mal que comieron? Según el sistema, quien experimenta esa sensación de negatividad tiene un conflicto interno, el cual ve reflejado en el mal servicio, mientras la otra persona que tuvo la experiencia en positivo fue a comer sin ningún conflicto interno y, por ende, el resultado de su vivencia fue mejor.

Otro ejemplo. Una persona atendía en un local cara al público, estaba sirviendo a una clienta y, de pronto, entró una persona a preguntarle por un producto que quería comprar. La dependienta la atendió amablemente, pero la señora no parecía decidirse, con lo cual la dependienta pensaba que estaba retrasando su trabajo y deseaba que se marchara si no lo tenía claro. Acto seguido, la señora le dijo que no tenía nada que decirle porque no le apetecía hablar con ella.

¿Qué significado tiene todo esto? Que la dependienta escuchó de la boca de la señora lo que ella estaba pensando.

¿Cuántas veces nos quejamos de que nuestra pareja se comporta mal con nosotros? ¿O nuestros hijos o algún familiar?

Esto es solo un reflejo de nosotros mismos, de lo que tenemos por dentro.

Morrnah Nalamaku Simeona fue la creadora de la autoidentidad a través del Ho'oponopono. Ella fundó Pacifica Seminars en los años setenta y fue reconocida como una *Kahuna lapa'au* (sanadora) en Hawái y distinguida como un Tesoro Viviente por el estado de Hawái en 1983.

En el pasado toda la familia tenía que estar presente, y uno a uno iban pidiéndose perdón. Como ya sabemos, no hay otros ahí fuera, somos UNO, son nuestros pensamientos de la otra persona, nuestras propias memorias de la otra persona; entonces tomamos 100 % de responsabilidad.

Ho'oponopono parte de la premisa de que todo el universo es una unidad.

A partir de ahí, si todos somos una unidad, significa que yo soy todo universo.

Y si yo soy todo universo, yo tengo la responsabilidad de todo lo que sucede.

Es potente lo que acabas de leer, ¿verdad?

Para mí sí lo fue y no había ni imaginado que esto pudiera ser así.

Significa que no somos responsables únicamente de nuestra vida y de lo que nosotros hacemos, sino que somos responsables de **TODO**, todos estamos unidos entre sí.

Una vez seamos conscientes de ello, el Ho'oponopono nos da un camino para poder sanar cualquier situación en dos pasos.

Significado de Ho'oponopono

Ho significa 'causa' y *Oponopono* significa 'perfección', es decir, **corregir el error**.

Significado de las palabras

Lo siento: reconoces que hay algo de tu mundo que no te gusta y comunicas a la Divinidad, Dios o Universo, como tú lo identifiques mejor, que hay dentro de ti que estás arrepentida de ser la responsable de haber creado esa situación.

Perdóname: te pides perdón a ti mismo a través de la divinidad que hay en ti por haber creado todo aquello que existe en tu interior.

Gracias: reconoces que la divinidad que hay en ti te está escuchando y esa gratitud te la devuelve en el momento presente. Al decir "gracias" estás permitiendo que todo fluya.

Te amo: es una forma de disolver todo el bloqueo que hay en ti a través de la fuerza más poderosa del mundo, que es el amor.

Deja ir el pasado, eso ya lo viviste, vive en el presente y construye tu futuro.

¿Cómo usar el Ho'oponopono?

Como ya te dije anteriormente, sé consciente de que somos una unidad, todo está creado por nosotros mismos. Lo más importante para usar el Ho'oponopono es no culpar a nadie por algo que nos sucede.

Primero: identifica qué quieres cambiar (dinero, problemas con tu pareja, relaciones, trabajo, enfermedad, etc.).

Segundo: repite las palabras "lo siento", "perdóname", "te amo" y "gracias" todas las veces que te sea posible. Lo importante es que seas constante. Te recomiendo como mínimo sesenta y seis días consecutivos.

Tercero: deja que todo fluya. No pongas presión en el resultado.

Tengo que decir que, cuando yo empecé a practicar esta sanación, me di cuenta de que es muy enriquecedora, y los resultados los empiezas a ver muy pronto, cambias tú y todo tu alrededor cambia, te invito a que lo hagas.

"La mejor y cosa más segura es mantener un equilibrio en tu vida, reconocer el gran poder que hay a nuestro alrededor. Si puedes vivir de esa manera, eres una persona sabia".

Eurípides

Hasta aquí hemos hecho hincapié en el perdón, pero…

¿Y el olvido?

El olvido es un **"falso perdón"**. Cuando olvidas no estás perdonando, solo estás camuflando la basura y la estás poniendo en otro sitio, pero no la estás limpiando verdaderamente.

Olvidar es autoengañar tu corazón, es seguir creando **"apariencias en tu vida"**.

Olvidar no sana, es recrear tu espíritu dolido, herido. Olvidar equivale a perdonar de boca para afuera, es guardar los sentimientos y las emociones negativas y no transformarlas en amor.

Entonces, querido lector, si dices **"yo perdoné"** es porque de verdad lo sientes así. Quitaste toda esa fuerza que habitaba en tu corazón, has cortado todo el rencor, las cadenas de los resentimientos, las culpas y los juicios para permitirle a tu espíritu brillar en tu propia luz.

Ya te dije que no sería tarea fácil, como todo desafío que se te fue presentando, pero no es imposible. Cuanto más odio y rencor tengas arraigado en tu corazón, más difícil te será perdonar. Pero solo es cuestión de voluntad hacerlo, de intención, y esto te llevará a la acción y así lo lograrás.

Yo sé que la tarea no será fácil porque yo pasé por este camino, pero te aseguro que si eres consciente de cómo está tu corazón y lo que alberga en él la transformación que experimentarás será increíble.

Lo sé, yo también pensaba lo mismo que tú, no hiciste ni dijiste nada que no sintieras, pero eso es ese animalito que tenemos escondido y que de vez en cuando sale para decirnos que está aquí, es el **EGO**.

Si no perdonas no vives el amor, y si no sientes el amor vives en el miedo. Si hay miedo, tienes lo mismo que obtuviste en tu vida, no hay ningún cambio y no puedes tener esa transformación que todos esperamos, y sobre todo tú. Siente la libertad y verás el brillo volver a ti en cada mirada, porque te nace del corazón.

Quiero darte las gracias por acompañarme hasta aquí y por las decisiones que has tomado. **¡Felicidades!**

Llegaste a un nuevo punto de partida, estás en una bifurcación y, según la decisión que tomes, te llevará por el **camino del amor** o por el **camino del miedo**. No podrás caminar por los dos caminos.

Piénsalo muy bien.

¿Perdono u olvido?

¿Olvido, pero no perdono?

¡Perdona y olvida!

¡Vive desde el amor y no desde el miedo!

Te amo

8.

APRENDER A SANARTE DESDE TU INTERIOR

Querida lectora, te explicaré cómo puedes sanar tu vida y todas tus enfermedades. Todo lo que existe está creado por la energía, y la materia es energía. La física cuántica nos explica que podemos cambiar nuestra realidad, ya que todo es energía, y la energía son vibraciones y nuestros pensamientos también lo son. Cuando cambiamos los pensamientos cambiamos las vibraciones. Cuando crees en algo modificas el campo cuántico y lo atraes.

Las enfermedades son la manera que tiene el cuerpo de decirnos que tenemos una idea falsa de nosotros. Muchas veces sentimos malestares, pero todos son producto de nuestra mente y eso significa que necesitamos cambiar nuestra forma de pensar, no debemos de condenarnos ni culparnos, sino solamente ver qué nos está diciendo y qué necesidades hay que dejar marchar.

Es un momento para la curación, para hacer que nuestra vida y nuestro cuerpo alcancen la seguridad y la plenitud que necesitan. Sé que en tu interior tienes esa necesidad y esa fuerza para realizarlo. Cuando entendemos este proceso, somos capaces de tener el control de los cambios que vamos a tener en nuestra vida; son procesos emocionales que se convierten en una de las aventuras más grandes. En nuestro interior hay una fuente inagotable de sabiduría, y una vez que estamos dispuestos a recurrir a ella atraemos cambios positivos. Nosotros mismos encontramos esos cambios que necesitamos, se trata **solo de encontrar el vínculo y dejar que todo fluya**.

SÉ QUE SI ESTÁS LEYENDO HASTA AQUÍ estás ya en ese proceso hacia tu propia sanación. Solo tienes que mantener esa comunicación con tu yo interior y empezar a proyectar los pensamientos, las energías y las vibraciones adecuadas para tu propia sanación, tu curación depende solo de ti misma.

Empieza a hacer las declaraciones positivas correctas y necesarias para tu proceso.

Una manera de empezar tu día sería ponerte delante del espejo y decirte:

"Quiero mirarte directamente a los ojos". Vuelve a coger ese vínculo que quizás estaba roto, es hora de verte de frente y decir **"te quiero, te quiero de verdad, te amo, gracias", y empezar a sanar tu yo interior.** Una vez lo hagas, durante todo el día realiza afirmaciones afirmativas, no importa en qué momento sea, solo realízalas.

Comienza a decir: **"Hoy será un gran día. Tengo una salud rebosante, espectacular, espléndida. Cada día soy más sana, tengo una vida maravillosa. Camino en abundancia, en plenitud y en salud"; tienes que hacerlo de manera fluida y muy natural.**

Solo estamos a un pensamiento de cambiar tu vida, solo tienes que ponerte en **acción**.

Recuerda que el gran cambio viene siempre desde dentro, solo tienes que comenzar **AQUÍ Y AHORA.**

Intenta meditar unos minutos cada día. Ya te expliqué en el primer volumen, ***Las tinieblas de tu interior***, distintas maneras de empezar a meditar, escoge la que mejor se adapte a tu persona. Cuando lo hagas visualízate como lo que tú ya estás proyectando, así será el cambio mucho más rápido y más efectivo.

Tus pensamientos hasta ahora han estado dibujando y creando lo que tienes en tu realidad de modo **inconsciente**. A partir de ahora tú tomarás el control y todo aquello que deseas se manifestará de la mejor manera posible.

Quiero felicitarte por lo bien que lo estás haciendo, pero te contaré algo, si visualizas la sanación para otras personas, también la estarás creando para ellas mismas; siempre pidiendo permiso al universo si lo puedes hacer.

GRACIAS, GRACIAS, GRACIAS.

Pasa la página y nos vemos en las siguientes líneas.

TEN FE Y ESPERANZA

Te amo.

9.

CÓMO REPROGRAMAR TU MENTE

Cuando empecé el camino del desarrollo personal me encontré con libros como *El secreto*, que me hicieron creer que para cambiar el mundo bastaba solo con cambiar mis pensamientos. A medida que avanzaba me di cuenta de que no era suficiente cambiar mis pensamientos para obtener los resultados en lo que yo quería, unas veces lo conseguía y otras no.

Hacía falta algo más, y faltaba lo más importante: si quería conseguir el éxito debía reprogramar mi mente subconsciente. Con mi pensamiento consciente era fácil hacerlo, bastaba con elegir un cambio, visualizarlo como un hecho y decretar frases positivas como **"¡Lo haré!"**, **"¡Lo conseguiré!"** y **"¡Lo encontraré!"**.

Haciendo esto me ayudaba a mantenerme enfocada en mi objetivo, me animaba a seguir adelante y a conseguir el cambio. Entonces, a pesar de hacer todos estos ejercicios mentales, muchas de las veces no conseguía llegar a la consecución de mis metas, o más bien a la consecución de las ideas de mi meta, que es lo que estaba fallando.

¿Entonces qué era lo que estaba fallando?

Estaba fallando en lo más importante para poder conseguir el cambio que yo deseaba... **¡la mente subconsciente!**

Pero tienes una contrapartida que es que, cuanto más insistas en conseguir algo que tu subconsciente no quiere, habrá más resistencias que tendrás que salvar en tu camino.

Todo lo que tenemos que hacer para conseguir los cambios deseados y duraderos es que nuestra mente subconsciente apoye nuestra decisión de ese cambio.

Así que no se trata de reprogramar tu mente ni visualizar lo que tu consciente quiere conseguir, sino que tienes que **REPROGRAMAR TU MENTE SUBCONSCIENTE.**

Necesitas que tu potencial actúe a tu favor y no en tu contra.

Tienes que tener en cuenta que con tu mente consciente tú eliges qué es lo que quieres ser o conseguir, estás enfocado y ahí está tu intención para el cambio.

Pero tu mente subconsciente es la que controla tus procesos para conseguir tu éxito, como la intuición, el encontrar soluciones.

Debes aprender a controlar las imágenes que tienes grabadas en tu mente.

Si no tienes el control de dónde vas, no llegarás muy lejos, así que tienes que tener un firme control de tu mente.

El control te da la oportunidad de reprogramar la mente subconsciente de forma correcta, lo que hará que te ayude a manifestar las cosas en lugar de poner impedimentos.

Aprende a vivir en el momento

Cuando vives el momento la mente subconsciente se alinea para considerar solamente el presente. El pasado ya no puede afectarte por más tiempo con sus creencias limitantes, y el futuro no existe.

Cambia tu vida de forma rápida porque la mente se alinea para el éxito a velocidad importante en el momento presente.

Cuando tienes pensamientos contradictorios, no estás controlando tu mente. Cuando empiezas a detenerlos y a mostrarte concentrado en lo que quieres conseguir será mucho más productivo y conseguirás tu concentración y, por ende, tu manifestación.

Realiza solo una cosa a la vez

Cuando tu reino está dividido (es decir, tu mente), estarás más desconcentrada, concéntrate en solo hacer una cosa a la vez, así tendrás mucho más control.

Los pequeños cambios te llevarán a grandes resultados, desarrollarás hábitos positivos y formas de pensar que te ayudarán en tu éxito final, que será tu manifestación.

10.

LIBERARTE DE TUS LÍMITES

El subconsciente es ese lugar en el que tenemos guardados nuestros temores, los traumas de nuestra infancia y las cosas de las que no nos queremos acordar.

Pero lo cierto es que el subconsciente va mucho más allá, por eso la importancia de reprogramarlo.

Se puede, y te aseguro que cuando lo hagas será un antes y un después en tu vida.

El subconsciente es una parte de nuestra mente a la que no tenemos acceso de manera consciente. No se trata de que no podamos, simplemente de que desde el lado de la conciencia tenemos acceso solo a una parte de nuestra mente (el 5 %), y esa es la que utilizamos para realizar algunos procesos...

Pero tenemos una parte mucho mayor, que es la parte subconsciente (el 95 %).

La mente consciente es la parte racional, la que analiza, la que está recibiendo información en todo momento por los sentidos, pero no va a procesar todos los datos porque hay muchos que no nos sirven.

El que sea importante o no lo sea está condicionado por el **SAR** (sistema de activación reticular), el cual es una especie de filtro que tiene nuestro cerebro para avisarnos de lo que es importante para nosotros.

Según ciertas investigaciones nuestro cerebro procesa cuatrocientos mil millones (400.000.000.000) de bits, y de esta cantidad solo somos conscientes de veinte mil (20.000) bits por segundo, el resto queda registrado en alguna parte del subconsciente.

Somos conscientes del 5 % de la información que nos llega del exterior. El otro 95 % queda almacenado en el subconsciente.

Interesante, ¿verdad?

11.

CAMBIEMOS NUESTRA MENTE, PROFUNDICEMOS UN POCO MÁS

Todas las teorías de mundo son inútiles a menos que sepamos cómo aplicarlas para cambiar; una persona con un paradigma es tener una creencia muy arraigada.

Vamos a trabajar con unos principios, que serán alimentar la predisposición a renunciar, controlar la mente y saber hasta qué punto nos liberamos, perdonando y perdonándonos.

Tenemos un modelo mental por el que parece que todo empeorase, pero es importante seguir hacia adelante.

Te diré algunos ejemplos.

Estás trabajando para aumentar tus ingresos, y pudiera ser que perdieras tu cartera o tuvieras pérdidas a nivel económico.

Si estás trabajando para mejorar las relaciones tienes una pelea.

Si estás trabajando para mejorar la salud te viene una gripe o un malestar que te impide seguir con tu rutina diaria.

Si te estás trabajando el tema laboral, en la expresión de nuestros talentos y capacidades de creación, nos despiden.

Parece que toda la situación empeora. Si dura un tiempo, no es malo que así sea, es un signo de que la situación empieza a movilizarse y es necesario seguir adelante.

Muchas personas me comentan que no pueden disfrutar de la fiesta de Navidad, no pueden vivirla por pena, por algún familiar que ya no está en este plano, y les vienen imágenes del pasado. Tenemos que eliminar ese paradigma que tenemos en nuestro subconsciente.

Actúas por causa y efecto sin pensar, pero no es lo correcto, porque siempre estarás bloqueado en estas fechas por un alto impacto emocional.

Tú eres el creador de tus propias experiencias y ahora empiezas a decirte: "Estoy dispuesto a renunciar a la necesidad de que me critiquen". Piensas en las críticas y te das cuenta de que de pequeña recibiste muchísimas y era algo que tú estabas ocultando.

Entonces sería decirte: "**Estoy dispuesta a perdonar a…" (pon el nombre de la persona a la que tú creas que debas perdonar).**

Sería una muy buena manera de comenzar a sanarte. Te darás cuenta de que la gente que te criticaba ya no lo hace, que has renunciado a tu necesidad y te has liberado de ella.

Este es un trabajo un poco lento, pero te animo a que lo hagas, y date tu tiempo. **CONFÍA EN TU INTERIOR**, yo puedo decirte que lo hice y es muy gratificante.

Renuncia a la necesidad

Piensa en algo que quieras cambiar en tu vida. Acércate a un espejo y mirándote a los ojos di: **"Ahora me di cuenta de que soy yo la que causó mi realidad y estoy dispuesta a renunciar a mi modelo mental, mi conciencia es responsable de esta situación"**. Dilo varias veces con todo tu corazón, mírate al espejo y pregúntate: "¿Lo estoy diciendo con todo mi sentimiento?". Si es así, convéncete de que esta vez será definitiva para liberarte de tus pensamientos negativos de tu pasado.

Tu subconsciente ya sabrá cómo darte las respuestas a todo lo que te puedas preguntar.

El tiempo del poder es el presente, las cosas que estás pensando y las palabras que estás declarando están **creando tu futuro**. Tú eres mucho más que tu mente, solo que hasta ahora tú le diste el poder.

La mente es algo que tú puedes dirigir, a medida que tú puedas elegir tus pensamientos, serán un aliado a ese poder. No creas que la mente es la que te dirige, eres tú quien la usa, tú puedes tener esas viejas ideas cuando tu pensamiento antiguo intente volver diciéndote: "Es muy difícil cambiar, yo no voy a poder". Habla con tu mente y dile que no estás dispuesta a volver atrás, que cada vez es más fácil cambiar; repítelo varias veces si fuera necesario cada vez que te vengan esos pensamientos.

Tu mente se dará cuenta de que quien lleva el control de ti eres TÚ.

Tus pensamientos actuales están bajo tu control y tus pensamientos futuros aún no se han formado, además, tú aún no sabes cómo serán, lo que sí sabes es que tú llevas el control.

Te mostraré un ejemplo. Tienes una amiga que siempre hace lo que ella quiere, y a ti todo te va bien por no perder esa amistad, pero esto se repite en el tiempo, es como algo que ya está en tu subconsciente. Sin embargo, si por casualidad un día decides que tú tienes tus propias opiniones y no te gusta donde te propone ir o lo que hacer, se lo dices. ¿Qué crees que puede pasar? Pues se rebelará contigo y quizás perderás esa amistad, pero si tú mantienes tu decisión y ella es buena amiga, se dará cuenta de que lo más normal es que las decisiones se tengan que tomar entre dos.

Ella también estaba programada. En principio se rebelará, no querrá someterse a un cambio, pero si la decisión se mantiene firme esto se llegará a estabilizar y sabrá que tú eres quien domina tus pensamientos y, por ende, tu control.

Desprenderse

¡Este ejercicio te gustará!

Relájate, ponte cómoda. Ponte una música tranquila y haz una inspiración, mientras exhalas que toda la tensión desaparezca de tu cuerpo. Relaja tu cuero cabelludo, la frente y la cara. La cabeza no necesita estar tensa para que puedas seguir, relaja tu lengua, la garganta y los hombros; relaja también la espalda, el abdomen, las piernas y los pies.

¿Has notado algún cambio importante en tu cuerpo desde que empezó este ejercicio? Siente hasta qué punto te estás reprimiendo, lo que estás haciendo con tu cuerpo lo estás haciendo con tu mente. Con posición cómoda y relajada di:

"Estoy dispuesta a desprenderme y no me reprimo, aflojo toda la tensión, ya no tengo ningún miedo. Me libero de toda culpa, de toda tristeza. Me desprendo de todas las limitaciones y estoy en paz conmigo misma, estoy en paz con el proceso de la vida, estoy segura".

Cuando estás relajada, los pensamientos y las afirmaciones llegan a ti más prontamente, estás mucho más abierta. En algunas ocasiones necesitamos algunas descargas físicas para poder aflojarnos, pues las experiencias y emociones pueden quedar aprisionadas en el cuerpo y es necesario tener esa actividad, como salir a correr, caminar a paso rápido, jugar al tenis, etc.; es una manera de liberar esa furia retenida.

Hace cierto tiempo me dolía una pierna. Procuré no hacerle caso, pero no se me iba. Finalmente, me paré a preguntarme qué era lo que me pasaba y lo que estaba sintiendo. Sentía ese dolor en la pierna muy profundo, como tocando el hueso (los huesos son los que te impiden seguir), que no me dejaba continuar con mi vida, y esta estaba dando un giro importante.

¡No quería! No me dejaba salir de mi zona de comodidad, me decía que me parara, me lo estaba negando. Así que como no le encontraba la solución, me dispuse a hacer lo que tenía pensado hacer, con dolor o sin dolor.

Decidí salir a correr y lo que noté es que al día siguiente el dolor era casi inexistente...

Hay personas que no pueden vivir plenamente en el día de hoy porque en el pasado alguien las hirió o porque no tienen algo que quisieron, y eso les impide disfrutar del presente. Pasaron por un mal momento en el amor y están seguras de que les volverá a ocurrir o hicieron algo de lo que después se arrepintieron y piensan que son malas personas, y están seguras de que no son felices por culpa de ese alguien.

Cuando tu relación de pareja no funcionó, crees que sin tener pareja ya no estás completa y ya no confías en ninguna persona, pero ¿tienes que castigarte siempre? Esto se debe a que cuando eras niña te dijeron: "No vales para nada". Muchísimas veces nos aferramos al pasado, da igual lo que nos pasara, solo sirve para hacernos daño. Si nos negamos a vivir el presente, nos hacemos daño a nosotros mismos.

El pasado ya pasó y no hay vuelta de hoja ni podemos cambiarlo, este momento es el que podemos vivir. Aun cuando te quejas de tu pasado tu recuerdo de él se da en el presente, y en este proceso pierdes la verdadera vivencia de este momento.

Renunciamiento

Haremos un ejercicio.

El apego emocional que sentimos por el recuerdo del pasado vuelve. Acuérdate de algún acontecimiento al que no le diste importancia, y ni siquiera lo vives con ningún tipo de sentimiento ni te lleva a ningún grado emocional más que a un simple recuerdo.

Lo mismo puede ocurrir con todos los sucesos pasados de la vida a medida que los desnudamos de su carga afectiva para disfrutar de este momento y crear el nuestro.

Haz una lista de todas las cosas que estás dispuesta a soltar.

¿Estás dispuesta a hacerlo? ¡Te animo a que lo hagas!

Anota todo lo que estás dispuesta a soltar…

____

____

____

Nunca olvides el perdón

No temas pedir perdón cuando tú lo creas necesario, es algo que te libera el alma y te hace estar en paz...

Piensa en la persona que tú crees que te hizo daño y con la que tú reaccionaste de una manera que no deberías. Reflexiona por un minuto: ¿por qué lo hizo? Y pregúntate: "¿Yo hubiera actuado igual?". Probablemente sí.

Pide perdón y perdónate, pero desde tu conciencia y sintiéndolo desde tu corazón. Cuando pides perdón no miras el dolor ni la situación; es dejar atrás lo vivido y empezar desde cero.

Hay un ejercicio que puedes hacer con personas que estén aquí o incluso con personas que ya no estén.

Ponte delante de la persona en cuestión, de frente, mírala y visualízala con una imagen sonriente y feliz, luego déjala marchar. Finalmente visualízate a ti misma en la misma posición y postura, sonriendo y viendo que todo es felicidad.

El perdón no puede cambiar un pasado, pero sí puede sustituir un buen futuro.

Ahora que tomaste la decisión, sigamos, pero antes decirte…

¡TODO LO QUE TENÍAS GUARDADO SE FUE!

Te amo.

12.

CELEBRANDO LOS CAMBIOS

Cuando no te rindes ante nada, cuando no dejas que te definan y sigues apostando por tus sueños, es cuando comienzas tu destino. Tu resiliencia te conduce a repetir las nuevas experiencias, y gracias a esta repetición generas nuevas conexiones que se van multiplicando cada vez que repites esas nuevas experiencias, así que llega un momento en el que, gracias a esas sucesivas repeticiones, te llega tu gran cambio.

La **repetición** es un ingrediente necesario, y el otro ingrediente fundamental es la **atención**, pero recuerda que la atención es un gran problema de la humanidad. Tienes que entrenarla día a día, solo si le pones atención a lo que deseas y a lo que haces alcanzarás tu deseo.

Este juego de **deseo** y **repetición** es el que cristaliza el nuevo sistema de creencias en tu cerebro. La **experiencia** es una de las armas poderosas del cambio porque ella fue tu aliada en tu aprendizaje de las antiguas creencias, desde tu nacimiento hasta que se creó tu identidad. Entonces es a través de la experiencia que volvemos a ese aprendizaje para transformarlo.

Pero ten en cuenta algo, la **resiliencia** debe formar parte de tus experiencias durante toda la vida, porque por más que puedas **"celebrar tus cambios"**, si dejas de poner foco en ellos, al poco tiempo de hacerlo volverás a tus creencias, cerebro – mental inicial, y lo verás fácilmente.

Resiliencia es la capacidad de afrontar la adversidad. La neurociencia considera que las personas más resilientes tienen mayor equilibrio emocional ante situaciones de estrés y soportan mayor presión, es complejo de competitividad donde debes adaptarte positivamente a las situaciones adversas.

¿Me sigues hasta aquí? ¿Comprendes cómo sacas ese ser resiliente y esa energía constante que hay en ti?

¡Genial! Eres 100 % resiliente. Puedes generar nuevos pensamientos y emociones, ponerlos en práctica con las nuevas experiencias para cambiar las conexiones cerebrales que tienes configuradas desde tu nacimiento por el proyecto sentido, la sociedad y la cultura y liberarte de tu pasado.

Una de las **estrellas de la resiliencia es el perdón**; de él ya hemos hablado, junto el **reconocimiento** y la **aceptación**.

Cuando estás decidida a ser resiliente, tienes que reconocer, aceptar y perdonar para que esas nuevas experiencias te conduzcan a las nuevas estructuras de tu pensamiento.

No dudes, no tengas miedo, si no se apoderará de ti, te hará flaquear y te será difícil salir del lugar en el que estás y será un proceso muy lento. Volver a ese punto de inicio si te gana el miedo será rápido y muy sencillo.

Por eso te digo…

¿Con miedo? ¡Nunca! ¿Con amor? ¡Siempre! ¿Acompañado? ¡Siempre! Con Dios, el Universo o como tú le quieras llamar, pero siempre desde el sentimiento del amor.

Reinvéntate, resucita de cada fracaso y derrota y conságrate con la máxima expresión de lo que tú eres y lo que viniste a hacer a este mundo.

¡Tú puedes hacerlo!

Que tu mirada no se aparte de tu sueño, ponle toda la atención que se merece porque de ello depende tu próxima vida terrenal.

¿Entusiasmada?

¡Yo sí y mucho! Estoy convencida de que para este tiempo ya debes haber…

¡Celebrado algún cambio en tu vida!

Te propongo que, antes de finalizar este capítulo, anotes los cambios que has notado desde que empezaste a leer el primer volumen hasta ahora, y si no lo has leído aún te invito a que lo hagas, es una parte importante para conocerte y trabajar en ti.

Tu mensaje hasta aquí…

Desde que comencé a leer el primer volumen de esta trilogía, *Las tinieblas de tu interior*, hasta ahora he podido notar que he cambiado en:

____

____

¡Genial! ¡Fabuloso! ¡Me alegra ver todos los cambios que has logrado, querido lector! ¡Y todo lo que vas a lograr!

Estoy sumamente entusiasmada, seguimos mirando al frente y marchando hacia tus sueños.

Pero antes quiero preguntarte algo, ¿tenemos un compromiso?

¿ME ACEPTAS? SÍ, SÍ, ¡ES A TI!

COMPROMISO, ¿ACEPTAS?

¿Aceptas a tu vida para amarla y respetarla hasta que la muerte os separe?

"Si pretendes ser otra persona malgastas todo el poder que tienes dentro de ti".

¿A qué te estás resistiendo, querida lectora, en este momento de tu vida?

¿Quieres ese compromiso?

Piénsalo unos minutos y déjalo escrito en estas líneas.

____

____

____

¿Has leído atentamente la frase inicial?

Cuenta la energía valiosa que estás dejando escapar en todas esas resistencias que mencionaste, piensa en esas situaciones sin tener necesidad de luchar contra ellas en busca de tener mayor beneficio de todas las personas involucradas. Diferente sería, ¿no?

¿Por qué cambiar el 100 % cuando todo fluye y estamos conectados de otra manera con lo que nos molesta?, ¿qué es lo que cambia en el fondo?

La aceptación, eso es lo que cambia.

La aceptación es el proceso a tu desarrollo personal.

Querida lectora, la aceptación no es más que dejar fluir y soltar algo que no podemos cambiar.

Tienes que ser consciente de que no puedes tener el **control** de todo y tienes obligación de **soltar.**

Todas estas cargas que no te **PERTENECEN** las llevas a tus espaldas. Cuando se te presenten situaciones y no esté en tu mano poder cambiarlas, tienes que plantearte que no puedes hacer nada para que cambien, pero sí puedes trabajar en ti para que no te afecten negativamente y para no sufrir tú.

Cuando pones toda tu atención en **ti** sabiendo que tienes un camino que seguir de crecimiento y que no es tu responsabilidad actuar por otras personas, **sino actuar por ti misma, aceptas y liberas las cargas de esa situación en concreto.**

Aceptar lo que no puedes cambiar es de vital importancia para que puedas seguir adelante y transformar tu vida.

¿Quién no ha deseado alguna vez que la realidad fuera otra distinta a la que está viviendo?

¿Quién no ha cometido algún error que desearía cambiar?

¿A quién no le ha molestado la actitud o vida de otra persona?

Ante cualquier situación que te produzca malestar, para y analiza si puedes hacer algo por solucionarlo. Si es así, crea un plan de acción para mejorar tu vida, pero en el caso de que no puedas hacer nada para cambiar acepta la realidad o sufrirás más de lo necesario. Luchar en contra de una realidad es un gasto de energía inútil y dañina, solo desde la aceptación puedes seguir adelante sin pararte.

La aceptación es la tolerancia a una situación.

Ver que la vida es así y que no todo es bueno, pero siempre nos inclinaremos así a la acción, a lograr el interés y poner el foco de atención en otras áreas, a abrir otras puertas.

Aceptar es abandonar una lucha, algo que no tiene solución; hay que buscar otros caminos.

Muchas veces cometemos el error de tener los pensamientos de **"no puedo hacer nada para cambiarlo"**, pero este pensamiento debes revertirlo y decir: **"Esto es lo que hay y yo no puedo hacer nada, lo esquivo y sigo mi camino para conseguir mi propósito"**.

La conformidad es cuando no toleramos la situación.

Cuando las cosas no son como nos gustaría, nos cerramos y entramos en estancamiento.

Las emociones negativas aparecen y nos rendimos, creemos que no podemos cambiar nuestra vida y tenemos pensamientos como **"soy una infeliz, todo me sucede a mí".**

Entonces es cuando entras en la lamentación y el victimismo, pierdes toda la esperanza de poder mejorar, ya no estás dispuesta a mirar otra posibilidad, te conformas con la vida que tienes, aunque no te guste, y ya no moverás nada para cambiar la situación, y eso te traerá más frustración.

Te amo.

13.

TU VIDA ESTÁ EN TUS MANOS

Acepta la realidad y en el futuro podrás salir de la situación que te hace infeliz; la aceptación será tu mejor aliado para llevar una vida mucho más tranquila.

Abre tu mente a nuevas posibilidades. Aunque ahora tu entorno no sea como a ti te gusta, siembra en tu presente y recogerás en tu futuro. Todo tiene un periodo de **gestación; acepta y suelta y el universo hará su parte.**

COMPROMISO

Esta palabra deriva del término latino *compromissum* y hace referencia a una obligación que se ha contraído, por ejemplo: "Mañana a las tres de la tarde voy a trabajar". Un compromiso es en muchas ocasiones una promesa o una declaración de principios.

Otro de sus significados tiene que ver con las parejas de enamorados que quieren proyectar una vida juntos. Cuando hay un compromiso, se dice que una persona se encuentra comprometida con algo y cumple sus obligaciones con aquello que se ha propuesto o que le ha sido encomendado.

Es decir, vive, planifica y reacciona de forma acertada para conseguir sacar adelante un proyecto, la familia, el trabajo, etc.

Para que exista un compromiso es necesario que haya conocimiento, no podemos estar comprometidos con algo si desconocemos los aspectos de este compromiso, es decir, las obligaciones que esto supone.

Una persona se compromete cuando se implica en una labor, poniendo todas sus capacidades para conseguir el proyecto, aportando su esfuerzo hasta llegar al objetivo.

¿Me sigues hasta aquí? Te pido, por favor, que no firmes un contrato, no hace falta, pero si quieres cambiar tu destino comprométete a ir a por todas. Quema todas las posibilidades que tienes y enfócate en el resultado que tendrás, ¡no demores más el tiempo!

¡Estoy convencida de que lo harás! Y por eso tengo que darte las **GRACIAS. GRACIAS, GRACIAS.**

Llegados a este punto, yo te pregunto...

¿ACEPTAS A TU VIDA PARA AMARLA Y RESPETARLA HASTA QUE LA MUERTE OS SEPARE?

¿Recuerdas si algún día te comprometiste y lo diste todo por todo? Esto no es diferente, tu cambio empezará cuando tú decidas, pero el momento sería **AHORA,** postergarlo sería no hacerlo.

Por todo esto me atrevo a preguntarte:

¿ACEPTAS?

Responde escribiendo esta declaración:

"Yo, _______________________ (tu nombre), acepto a mi vida para amarla y respetarla de hoy en adelante, hasta que la muerte física nos separe".

Hecho está. Así es. Gracias, gracias, gracias.

____

____

____

____

¡Felicidades! ¡Estoy orgullosa de ver lo que has conseguido hasta aquí!

Permítete celebrar este gran compromiso, date un buen capricho. Vas camino de tus sueños. ENSEÑA A TU CEREBRO A IDENTIFICAR LO QUE VAS A CONSEGUIR.

"Si tú sabes lo que vales, ve y consigue lo que mereces".

Rocky Balboa

¡ERES MUY VALIENTE!

¡PACIENCIA, EN NADA NO SERÁS LA PERSONA QUE FUISTE!

Te amo.

14.

TOMANDO DECISIONES...

Cuando tienes que decidir, es cuando debes elegir entre distintas opciones, y es algo vital para tu crecimiento. Es uno de los actos de mayor trascendencia y se debe a que elegir algo que no sea acertado genera conflictos y dudas.

Por ello hay que tener en cuenta que tomar la elección correcta se basa en experiencias que anteriormente hayamos tenido, que también dependen de la resolución de problemas de acuerdo a nuestros conocimientos.

Cuando tomas una decisión, esta deriva del poder de la razón y del poder de la voluntad; es decir, el pensamiento y el querer van unidos en la misma dirección.

Hay un proceso de analizar, organizar y planificar, y este es el camino de tu propósito, de tu sueño. Cada uno de nosotros debemos elegir entre diferentes opciones, y aquella que sea la tuya es la más acertada. Puede ser a nivel personal, sentimental, económico o de negocios, con la diferencia de que a cada persona se le presentará de forma distinta.

Es importante decidir bien, pero hazlo siempre desde el sentimiento de tu intuición y con la responsabilidad de que estás haciendo lo correcto, y como ya sabemos, si lo pones en tu mente llegará a ser realidad.

Te mostraré diferentes tipos de decisiones para poder elegir lo más correcto.

Pero antes te hablaré de mí. Como ya sabes, en el primer volumen de **Las tinieblas de tu interior** te expliqué que, durante mi trayectoria profesional, comencé siendo una ayudante de peluquería, pero con los años y gracias a buenos maestros, que me enseñaron lo que es llevar un salón de belleza, pronto me di cuenta de que el mundo de los negocios me gustaba, así que con solo veinte años tuve mi primer salón de belleza. Cuando eres tan joven hay muchas cosas que te pasan desapercibidas, pero nunca dejé de estudiar y de aprender todo lo que ello conllevaba para tener ese conocimiento, que conjuntamente con la acción pude desarrollar. "¿Por qué me cuentas todo esto?", te preguntarás. Por una sencilla razón: no quiero que te pase lo mismo que a mí me pasó.

Ensayo - Error - Ensayo - Error

Cuando sabes que tienes una cualidad, un magnetismo hacia las personas, y te gusta todo el tema de los negocios, tienes que ponerte en acción, pero te diré algo: **¡tienes que ser el mejor!** Has de sobresalir en todo lo que hagas y pensar: "¿Qué es lo que yo sé hacer?", "¿Para qué me formé?", "¿Qué es lo que más me apasiona y lo haría sin que me pagaran?", "¿Qué producto o servicio puedo ofrecer a las personas?".

¡LOS NEGOCIOS!, el mayor poder para desarrollar tu creatividad y llegar a tus sueños.

¡Felicidades, eres de las mías! Qué mejor que ser **TÚ** la persona que decide cómo y cuándo te gustaría trabajar. Cuando tienes identificado lo que te gustaría, dedicarte a **tu pasión**, has de enfocarte en **el dinero** y en este orden, como te estoy diciendo. Si te enfocas solo en el dinero y no haces lo que es tu pasión y con un alto grado de compromiso, es bastante probable que fracases y no lo consigas jamás. Tenemos mentalidad de pobre con pensamientos negativos que nos condicionan a tener los resultados deseados: **"No tengo edad para negocios"**, **"Soy muy mayor"**, **"Las nuevas tecnologías no las conozco"**, **"Tú no vales"**.

En España hace unos años atrás entramos en una crisis y no era fácil mantener un negocio, y cuando tú estás vibrando bajo todo se te pone para que tú tengas que decidir. A mí me hicieron una muy buena oferta de empleo, por lo que pensé que sería una buena idea aprovecharla, y mi entorno me decía que tenía que hacerlo, que estaría más tranquila y con un sueldo cada mes.

Pronto me di cuenta de que me había equivocado. Sí, tenía lo que me ofrecieron, escuché esos comentarios que me decían que lo hiciera, me enfoqué en lo económico y no paré a pensar si era lo correcto. Puse todo mi potencial y mi sabiduría a manos de otra persona, haciendo grande la empresa en la que yo tenía el mando. Aun teniendo lo que me ofrecieron, no sentía que estaba haciendo lo correcto, así que me despedí, y dos años después de dejar mi negocio volví a ser dueña de mi propio salón de belleza, ahora mucho más fuerte y con un aprendizaje impresionante.

No volví a escuchar esos comentarios que me decían que no tenía edad para volver a empezar. Cada persona sabe escuchar su interior y sabe como tú, querido lector, lo que su alma le pide para estar bien emocionalmente, sabiendo que lo que hace es lo que le apasiona para llegar a su objetivo.

Ahora te diré que no tengas prisa en obtener los resultados. Es más, si nunca antes tuviste un negocio, muchas veces cometerás el error de pensar que montar un negocio es hacerte millonario rápido. Es indiferente el negocio que queramos montar o que quieran ofrecernos, muchas veces somos víctimas de los comentarios que puedan venir hacia nosotros de ciertas personas ofreciéndonos chollos y dinero rápido, pero lleva tiempo y esfuerzo conseguir resultados.

Es importantísimo que cuando decidas de verdad tener tu propio negocio no abandones. Ten confianza en que lo conseguirás, cree en tu potencial y piensa: **"¡Si los demás lo hicieron, yo también lo haré!"**.

Si pides opinión a gente equivocada, su respuesta será equivocada.

¿Me sigues hasta aquí? Repasemos…

No dejes que nadie pueda decirte que no puedes conseguir lo que te propongas. Tú eres un ganador, tienes que creértelo y repetir palabras positivas en tu mente: **"¡Yo puedo!"**.

Busca tu pasión, identifica lo que sabes hacer.

Busca personas que puedas ayudar con tu servicio o producto.

Rentabiliza tu pasión y haz de ello tu profesión.

La mejor manera de cumplir es ser responsable y hacerlo inmediatamente.

No postergues las decisiones. Una vez ya tienes identificado tu propósito, lo que te apasiona, empieza a aplicarlo y aprenderás mostrando al mundo tu sabiduría y dando mucho más de lo que esperan de ti, porque lo que sale del corazón, ¡al corazón llega multiplicado!

Sé que llegarás muy lejos con tu propósito, eres una persona fuerte, sanaste todas las creencias que tenías instaladas en tu inconsciente y que te impedían avanzar hacia tu camino.

Ahora empieza tu **nuevo despertar**. Hay una frase que dice que el viaje del guerrero se hace solo, es decir, que tú tienes que pasar tu propio desierto, encantándote con tu nuevo YO. Como ya sabemos, los cambios sí o sí te vendrán y siempre estaremos por una circunstancia u otra teniendo que tomar decisiones. No puedes parar, el DESTINO, DIOS o el UNIVERSO te pondrán ante situaciones en las que tendrás que decidir y reaccionar hacia una u otra realidad.

Tienes que tener FE en que lo correcto no sabemos lo que es, pero sí sabemos que, si escuchas a tu interior, encontrarás el camino para empezar a transitarlo, siempre mirando hacia el frente y con la cabeza bien alta, sabiendo que la vida, **TU VIDA**, es un aprendizaje, que esto no se enseña en ninguna universidad; las lecciones que tienes en tu vida son para que las repases y tomes consciencia de qué es lo que no quieres en tu vida y qué sí. No cometas los mismos errores que cometiste en tu pasado y que te hicieron tanto daño, fuiste víctima de tus propios pensamientos, sentimientos que te llevaron a tus acciones. Ahora ya tienes la herramienta para cambiar tu destino. Si no te gusta tu presente, cambia tus pensamientos y sentimientos, y esto te llevará a tu nuevo futuro.

Habrá personas que te dirán que te estás equivocando, que no es la decisión correcta, y te harán tambalear porque estos comentarios casi siempre vienen de personas que te quieren y que son cercanas a ti. Pero no olvides una cosa, probablemente te lo dirán porque ellos no lo consiguieron y piensan que tú tampoco lo lograrás.

Aquí tienes tres opciones de cómo puedes actuar ante esos comentarios.

1.º Reaccionar. Esta es la peor de las opciones. No te la recomiendo porque te activará una emoción oscura y fluirá la parte más oscura de ti misma, no podrás pensar y te causará rabia, dolor y malestar.

Así que, una vez eliminada esta opción, vamos a la siguiente...

2.º Responder. Analizar lo que te ha dicho esa persona y poder defenderte justificando tus motivos porque tú piensas de manera distinta. Esta opción puedes considerarla válida, pero tienes que pensar de dónde vienes y los resultados que ya obtuviste. Además, tenemos una tercera.

3.º Pararte. Coge aire, inspira y reflexiona sobre el tema. Puedes contestar que lo pensarás y darle las gracias porque sabes que lo que desea para ti es lo mejor. Ahora bien, coge ese comentario, llévalo a tu interior y piensa un momento en qué sientes desde tu corazón, qué emoción albergas. ¿Te dolió el comentario? ¿Por qué sientes que te dolió? Piensa en lo que tú quieres mejorar, y desde ese momento toma acción **YA**. No esperes a tener otro momento, el momento perfecto no existe, ni el día perfecto. Piensa en grande y actúa en pequeño. Cuando empieces a tener los resultados, eso te hará coger impulso para la siguiente acción, y las condiciones se te darán. Tú haces tu parte y el universo hará la suya.

No mires hacia los lados ni mires hacia atrás preguntándote por qué. Mira hacia adelante preguntándote: "¿Por qué no?".

Quieres tener tu mente limpia de todos los problemas, eliminar los errores cometidos y guardar todos los momentos felices. Ella hará todo lo posible para que no reacciones, buscará argumentos para que no tomes acción y estés en tu zona de confort, y ella se siente segura porque es lo que conoce, tanto si es bueno como malo.

Tus pensamientos te llevarán a tu propósito, tu propósito a tus acciones, tus acciones a tus hábitos, tus hábitos a tu carácter y tu carácter determinará tu destino.

El cambio siempre supone resistencia, porque establecer un nuevo hábito implica esfuerzo y todo nuestro SER lo está pidiendo.

La valentía más grande de un ser humano es mantenerse en pie, aun cuando se esté cayendo a pedazos.

Así que no te compares con nadie, TÚ ya decidiste qué quieres. Si tu entorno no es el adecuado, ¡cámbialo! ¡No eres un árbol, puedes moverte, solo mira y observa! ¿Qué tienen ellos que te impida seguir? ¿Qué te aportarán si haces lo mismo de siempre? Eso ya lo sabes, vienes de ahí. No te compares con nadie, sé tu mejor versión. Tienes mucho potencial y cualidades que están todavía por florecer y salir a tu exterior.

EL CUENTO DEL BAMBÚ CHINO

En esta historia hay algo muy interesante que sucede con el bambú japonés y que nos enseña una gran lección: cuando un agricultor planta una semilla de este árbol, el bambú no crece inmediatamente, aun cuidándolo, regándolo y abonándolo regularmente.

El bambú no sale a la superficie durante los primeros siete años, así que un agricultor inexperto pensaría que la semilla no era fértil, pero sorprendentemente, trascurridos estos siete años, el bambú crece más de treinta metros en solamente seis semanas.

¿Cuánto podríamos decir que tardó en crecer el bambú? ¿Seis semanas? ¿O siete años y seis semanas? Lo correcto sería siete años y seis semanas, porque durante los primeros siete años estaba desarrollando y fortaleciendo las raíces, y luego en solo seis semanas creció más de treinta metros.

Esto es lo que nos pasa muchas veces en nuestra vida. Nos apresuramos, tenemos prisas si no logramos un objetivo. Muchas de nuestras metas, las más ambiciosas, requieren de tiempo, dedicación y de que creemos nuevos hábitos, lo cual también puede llevarnos un tiempo.

Cuando no logramos inmediatamente los objetivos nos desanimamos e incluso creemos que nos hemos equivocado y abandonamos, teniendo pensamientos limitantes sobre que este no era un buen momento o que no era para nosotros.

¿Qué hubiera pasado si el agricultor hubiera dejado de regar y abonar el bambú en seis años y once meses? El mismo moriría cuando estuviera próximo de salir a la superficie. Un poco de paciencia y perseverancia hubiera producido muchos frutos en poco tiempo.

Como el bambú, que necesita de perseverancia y cuidados, lo mismo pasa en nuestra vida: muchas veces no vemos el resultado en mucho tiempo, pero si estamos enfocados, perseveramos y actuamos con los cuidados necesarios, pronto veremos los resultados de nuestro objetivo dándonos los frutos deseados por nuestro esfuerzo.

Ahora, querido lector, te invito a que pienses cuáles son tus objetivos, aquellos que siempre soñaste lograr y que, por una u otra razón, nunca se manifestaron. Evalúa las acciones en las que te enfocabas día a día y piensa que, si aún no lograste ver manifestados los resultados, es porque estás creando raíces que permitirán que tu objetivo crezca y salga a la luz.

Anota aquí los objetivos que te gustaría conseguir...

____

____

____

____

¡Guauuuuu, cuántos objetivos que conseguir!

¡Estoy emocionada de que tengas esas ganas de superación y quieras conseguir tus objetivos! Te siento mucho más fuerte...

"Quien no ha caído nunca no tiene una idea justa
del esfuerzo que hay que hacer para tenerse en pie".

Multatuli

BAMBÚ

Vamos a por el siguiente capítulo.

Te espero en la siguiente página, pero antes recuerda...

PUEDES CONSEGUIR LO QUE TE PROPONGAS

Te amo.

15.

LA MOTIVACIÓN

Tenemos que estar motivados porque es fundamental para tener esa ilusión en nuestras vidas. En el momento que perdemos la ilusión, no tenemos motivación para nada, es dejar que todo lo que nos venga en la vida lo acojamos como cosa natural, y eso es lo peor que podemos hacer, diciendo: "**¡Esto era para mí!**".

Te contaré una anécdota. Un chico de cuarenta y dos años anteriormente había sido autónomo (se llama así cuando una persona tiene su propia empresa).

Esta persona tenía una familia, una hija y su propio negocio, pero no estaba teniendo los ingresos deseados, pues no eran buenos tiempos, eran tiempos de crisis. Su pareja le aconsejó que dejara su negocio y se pusiera a trabajar por un sueldo fijo. No le gustaba la idea, pero pensó que era lo más correcto para poder mantener a su familia, y así lo hizo, aunque no era lo que quería. Pasado un tiempo, había perdido su motivación para seguir adelante. Es más, dejó de tener ilusión y no quería ser un estorbo cuando cumpliera la edad de jubilación. Me comentó que prefería irse de este mundo, ¡por favor, solo tenía cuarenta y dos años!, y esta es una historia de las muchas que hay. **Tú puedes cambiar tu futuro**, pero nunca si no estás motivado, y estas son las personas que nos encontramos que nos dirán que no es nuestro destino.

No dejemos que nos pase como a esta persona. Ante todo, tú eres dueño de ti mismo y de tus decisiones, y como ya te expliqué anteriormente **el pasado ahí está. Vive tu presente, cambia lo que no te guste y construye un nuevo futuro.**

"Nunca es tarde para comenzar a ser quien has venido a ser en este mundo. Motívate".

La motivación. Es el motivo o la razón que provoca la realización de una **acción** para lograr lo que queremos.

Se trata de un componente psicológico que orienta, mantiene y determina la conducta de una persona. Se forma con la palabra latina *motivus* ('movimiento') y el sufijo *-ción* ('acción', 'efecto').

La motivación es una mezcla de **pasión, propósito, toma de decisiones y compromiso.**

Motivación es tener **pasión por vivir**, es nuestra propia recompensa por nuestro buen hacer, disfrutando cada logro en el camino.

Con motivación estaremos dispuestos a correr riesgos y tomar decisiones que la mayoría de personas no tomarían por miedo. También nos da compromiso, que es la clave para convertirse en una persona de alto nivel.

La motivación **da sentido a la vida**, y yo te pregunto: ¿Cuánto esfuerzo estás dispuesto a hacer?

¿Cuántos obstáculos estás dispuesto a pasar?

Motivación es la energía que nos hace seguir hacia el logro de nuestros sueños, sin excusas, sin quejarse, de manera imparable, haciendo lo correcto y tomando riesgos.

Al ser la motivación pura energía, tiene mucho que ver con nuestra bioquímica, con el ejercicio que hacemos y con la manera en la que nos alimentamos.

Es importante para mantener tu motivación que te alimentes correctamente, hacer ejercicio e hidratarte.

¿Cuál es el propósito que me mueve a seguir adelante?

¿Qué riesgos estoy dispuesto a enfrentar?

¿Cuáles son mis necesidades psicológicas internas?

¿En qué clase de persona me quiero convertir?

¿Qué me apasiona en la vida?

Estas son algunas de las preguntas que te ayudan a encontrar esa pasión por la vida.

No se puede ser una persona motivada y al mismo tiempo estar confortable, sin correr riesgos ni tomar decisiones. La persona motivada está comprometida y dispuesta a correr riesgos, pues sabe que puede cambiar su situación actual, que tiene el control de su vida en sus manos, que puede lograr lo que pretenda y sabe qué quiere a corto, mediano y largo plazo, se siente contenta y exitosa.

La motivación nos llena y nos da un sentido de logro y control, por lo que la persona motivada ama lo que hace y hace lo que ama. Entonces, lo mejor que podemos hacer por nuestro futuro es vivir con pasión lo que haríamos con el alma, aquello a lo que no nos importaría dedicarle horas ni días.

Vivir sin motivación nos hace entrar en un mundo que nos vuelve mecánicos y donde nos olvidamos de nosotros mismos y de nuestras verdaderas motivaciones.

Elegir vivir motivados es elegir una vida más plena. La motivación es lo que nos impulsa y nos mantiene luchando por nuestros sueños, a pesar de todo lo que debemos enfrentar para hacerlos realidad.

Evidentemente no siempre se puede estar igual de motivado. Encontraremos obstáculos que tendremos que pasar por alto, pero en la motivación está la clave de por qué hay personas que logran todo y otras que se resignan a vivir la vida que llevan, aun sabiendo que no es la que ellos quisieran.

Te daré algunos *tips* para subir tu motivación.

Una forma contrastada científicamente de mantener la motivación durante periodos largos es la visualización. Diariamente, al menos durante 5-10 minutos, es bueno visualizar el procedimiento y los resultados deseados para que nuestra mente pueda tener preparados ciertos mecanismos para la tarea hacia la que nos enfocamos.

Esto es muy útil, tanto para un cambio físico como para cualquier otro objetivo, especialmente cuando hablamos de tareas que hace tiempo que no realizamos. Por otro lado, la visualización es una forma de entrenar la focalización de la atención.

¿Me sigues hasta aquí?

Quiero pedirte un favor:

Revisa tu nivel de motivación, y si está bajo haz lo necesario para llenarlo.

Y ahora pasemos al equilibrio.

16.

EQUILIBRIO

El equilibrio se refiere a un estado de estabilidad, es decir, la compensación entre las características de dos cuerpos o dos situaciones. Cuando queremos lograr algo con muchas ganas, hemos de saber que perdemos ese equilibrio y puede ser contraproducente, porque la balanza se nos desnivela y puede traer todo lo opuesto a lo que deseamos, así que lo más correcto sería mantener el equilibrio sea lo que sea lo que queramos conseguir.

Debemos aprender a canalizar nuestros sentimientos para ser capaces de mantener un equilibrio emocional. El enfoque adecuado de la realidad que nos rodea puede ayudarnos a adaptarnos mejor a ella.

El equilibrio emocional nos viene dado de la calma y es regido por una buena armonía interna. Llegar a este estado no es fácil, pero podemos conseguirlo por medio de sencillas pautas.

Entendemos este concepto como sinónimo de bienestar y, sobre todo, de salud.

Si nos observamos nos daremos cuenta de que estamos rodeados de una sociedad habitada por el **ruido** y la aceleración.

Este ruido se debe ante todo a nuestro entorno, en el que estamos obligados a ser el trabajador más productivo, la mejor persona, la mejor vecina o el mejor padre.

Todas estas presiones externas lo que hacen es alejarnos muchas veces de nuestra propia identidad y, por ende, de nuestra propia esencia.

Todo este ruido es lo que nos va desgastando hasta llegar a romper nuestro equilibrio emocional.

Por ello es tan importante hallar la calma y poder escuchar tu interior, donde podrás encontrar esas respuestas internas solo tuyas que se juntarán con las demandas externas.

Tienes que encontrar ese punto de equilibrio emocional en el que podrás ser mucho más feliz, más libre.

Te daré algunos *tips* para que te sea mucho más sencillo llegar a tener ese equilibrio.

Tu mente será tu mejor aliada.

Solo una mente en calma será tu mejor aliada y te permitirá obtener el triunfo sobre tu enemigo.

El estrés, las dudas y el miedo son grandes enemigos de una mente equilibrada que sabe dónde va a enfocar la atención...

Para entrenar esta gran aliada debemos encontrar esos momentos a lo largo del día.

El silencio, la meditación y atender las propias necesidades y pensamientos cada día una horita o dos será lo que te hará afinar a esa mente tranquila.

Tener claros tus valores y saber tu destino.

Todas las personas debemos, al levantarnos cada día, tener en mente un propósito. No hace falta que sea algo grande, puede ser algo sencillo que te motive a seguir adelante y conseguir tus logros, y con ello poder disfrutarlos. Muchas veces basta solo con decir: "**Me merezco lo mejor y quiero ser feliz en mi vida**". Debes tener tus propios valores, y nadie debe derrumbarlos.

Si sabes dónde vas con un propósito bien definido nada te detendrá, este será tu punto en el horizonte y tus principios.

Esto te aportará sin dudarlo algo muy significativo: tener un equilibrio psíquico y emocional.

Este equilibrio te ayudará a fortalecer el sistema inmunitario. Cuando enfocas de una forma positiva tu energía en tus actividades diarias, esto provocará que te enfermes con menos frecuencia.

La lectura

La lectura de autoayuda puede mejorar bastante el equilibrio mental. Cuando la realizas en algún espacio tranquilo, favorece la salud mental, además el cerebro se ejercita y te permite desarrollar las habilidades del pensamiento, por lo tanto, tendrás más capacidad de organización y de concentración.

Si sabes dónde vas, encontrarás el camino para seguir hacia adelante y motivación para cuando te levantes cada día, y pronto te llegará tu recompensa, tus logros.

El equilibrio mental es una tarea muy personal, tienes que darle importancia, pues te dará enormes beneficios prestándole un poquito de tu atención.

Recuerda, cuando estés en alguna situación en la que no sepas cómo actuar y sientas que no va bien, detenerte por un momento para trabajar tu salud mental. El objetivo de cualquier persona debería ser alcanzar la **felicidad y la plenitud.**

Vamos a por el siguiente capítulo. Te espero en la próxima página, pero antes recuerda...

LLEGANDO A LA META

Te amo.

17.

VALOR + RESULTADO = ACCIÓN

Cuando tú crees que no eres capaz de ir un poco más allá, el universo te pone situaciones y personas que te ayudarán a dar el impulso que te falta. Hoy quiero contarte algo por si en alguna ocasión te has sentido como yo me sentí.

Nunca viajé sola, nunca hice muchas cosas que me hubiera gustado hacer sola por miedo, aun sabiendo que detrás de ese miedo se encuentra esa plenitud que nos está indicando que ese es el camino, NUESTRA FELICIDAD.

Así que decidí tomar acción después de haber pensado y meditado sobre que debía tener ese valor, y me decidí a tomar ese avión para viajar a una de las maravillosas islas que tenemos en España, Tenerife. Fue todo un aprendizaje más allá de todo lo leído en todo ese tiempo en mis libros.

Me encontré conmigo misma, tuve quietud. Encontré ese equilibrio que tantas veces perdemos sin parar a escucharnos para saber por qué nos pasan ciertas cosas en nuestra vida para salir del papel de **víctima**.

Hay que volver a coger ese impuso que nos hace fuertes y tirar hacia adelante.

Entonces me encontré con personas increíbles, vibrando solo y únicamente en lo que yo estaba dando: amor. ¡Y esa es una experiencia increíble!

Si no lo has hecho alguna vez, te invito a que lo hagas.

Siempre tuve esa hambre de saber más, así que fui a por uno de mis retos.

El miedo lo tenemos en nuestro subconsciente como una creencia limitante que no nos deja avanzar. El miedo es imaginario, es un indicador para avisarnos de que estamos saliendo de una zona de comodidad, y solo nos está avisando, diciéndonos: "**¡Yo te protejo hasta aquí, más allá no sé qué va a pasar!**". Con lo cual, cuando sintamos ese miedo tenemos que pensar qué afortunados somos sabiendo esto. Una vez pasado ese límite hay una expansión de felicidad hacia algo desconocido, pero que realmente es lo que tú estás proyectando a través de tus pensamientos y acciones, lo que hará que te sientas mucho más feliz y sepas que vas en buena dirección.

El miedo es algo imaginario, no dejes que te mantenga en tu zona de comodidad y sigue adelante. No pares, actúa, ¡sin miedo o con miedo!

Como ya te comenté en el primer libro de la trilogía, *Las tinieblas de tu interior* (si aún no lo has leído te invito a que lo hagas), tuve muchos desafíos en mi vida que tuve que afrontar y decidirme a actuar.

Rompe barreras, ve a lugares nunca vistos, abre tu círculo de amistades, encuentra tu verdadera esencia, no te limites, porque lo sé, tienes mucho poder dentro de ti, y seguramente ni tú misma lo sabes, pero te sorprenderás. ¿Sabes por qué te digo todo esto?

Porque yo me sentía como tú ahora, insegura, tímida, te ves pequeñita, aun midiendo como mido yo 1,65 cm. ¿Y sabes una cosa?

TÚ PUEDES.

Cuando emprendes tu camino sola hacia el destino que tú quieras conseguir llegan a tu vida personas increíbles. Te voy a contar algo que me sucedió en este viaje, ya en el penúltimo día. Antes de marchar, fui a la recepción del hotel y allí me encontré con una chica joven haciendo muy bien su trabajo, pero hubo algo en ella que me trasmitió un sentimiento mucho más profundo, sus ojos irradiaban mucha tristeza. Le pregunté dónde podía tomar un café porque el restaurante aún estaba cerrado, y la chica fue superamable. Entonces noté la conexión que hubo entre nosotras cuando me dijo que le pediría al chico del restaurante que nos hiciera el favor de hacerlo. Le di las gracias y me acompañó fuera, donde se encontraba el restaurante, y empezamos a hablar y me pidió si podíamos hacernos una foto, pues me comentó que ella, aparte de trabajar en el hotel, había escrito un libro, pero que lo tenía parado.

No existen las casualidades, querido lector, y me atreví a preguntarle el porqué de esa tristeza en sus ojos.

Me respondió que su hermano partió a otra dimensión, y eso la dejó paralizada, y yo le dije que lo sentía mucho. Con esa tristeza y supereducada me dejó tomando mi café, no sin antes darnos nuestros contactos para poder pasarme las fotos.

Al día siguiente, para mi sorpresa, encontré un mensaje en el que me decía que tenía el día, que yo le había dado esa fuerza para volver a escribir, que lo hacía por su hermano, quien siempre quiso que ella escribiera, y sobre todo por ella. Mis palabras le trasmitieron fuerza y mucha seguridad.

¿Alguna vez te ha pasado que con una simple frase te han hecho sentir muy feliz?

¿Te preguntas si fui yo de verdad la que le dio el impulso?

¡Fue ella!

Esto es magia, poder ayudar a las personas a encontrar su camino y sentirse feliz.

¡Ese es mi propósito!

¿Qué estás sintiendo hasta aquí?

Me haría muy feliz que escribieras en estas líneas cuál es tu propósito.

____

____

¡Felicidades! Ya hemos dado un pasito más.

Tu decisión cambiará tu vida y, sobre todo, la vida de muchas personas. Ahora lo que hay que hacer es poner **enfoque y estar motivados para encontrar ese equilibrio.**

18.

EL ENFOQUE

¿Cómo nos enfocamos en las cosas?

Enfoque es un sueño y sin acciones solo es eso, un sueño; si no tienes acción nunca llegará a hacerse realidad lo que deseas.

Tienes que saber muy bien lo que quieres y por qué lo quieres, que tus creencias no te impidan avanzar. Tienes que trabajar muy duro, no le temas al miedo porque hay veces que te puede controlar, y eso es un síntoma que te puede dejar paralizado.

Sin acción no hay avance, y para tener ese enfoque debes fijar unas metas bien definidas y tomar acción mucho más allá de tus limitaciones.

En el siglo XXI no triunfa el que tiene una carrera. No son los conocimientos externos los que te van a hacer sentirte mucho más feliz y triunfar en la vida, sino que son los conocimientos internos los que lo harán, con los que podrás triunfar en lo que tú quieras.

Piensa por un momento cuántas personas tienen una carrera universitaria y cuántas de ellas terminan viviendo muy bien de lo que han estudiado.

Tienes que manejar la información que te llega del mundo externo, pero lo que realmente te hará triunfar es lo que tú eres, no lo que sabes, y esto se debería de estudiar en todas las escuelas, aunque no se hace.

Te surgirán problemas y por norma general querrás buscar la solución fuera, cuando debes buscarla en ti, en tu interior. Por ejemplo, si en algún momento de tu vida estás teniendo problemas de salud, dinero o pareja, tienes que saber que has llegado hasta ahí por tu antiguo sistema de creencias, por tus pensamientos y emociones, y todo esto te llevó a las acciones que terminaron por traerte todas estas desgracias.

Has de cambiar tu manera de pensar y debes sentir desde tu corazón, desde tu interior, hacia el exterior, aunque muchas personas esperan tener algo para entonces poder moverse y actuar.

1- Cuando tenga pareja seré feliz.

2- Cuando tenga esa casa que deseo me sentiré realizada.

3- Cuando tenga dinero seré rica.

Y lo que tienes que saber es que antes debes SER y luego TENER.

¿Me sigues hasta aquí?

Algo dentro de ti va a cambiar.

En el momento en el que ponemos foco en un determinado tema, todo lo que sería nuestra percepción y todas las actividades neuronales de nuestro cerebro se encaminan porque estamos enfocados, concentrados, estamos dando lo mejor.

¿Cómo conseguimos que nuestro cerebro se enfoque de la manera que nosotros queremos para cumplir nuestros objetivos?

Hay una manera muy sencilla y es hacernos preguntas. En el momento en el que nos hacemos una pregunta a nosotros mismos nuestro cerebro se va a poner a buscar automáticamente.

Te voy a poner un ejemplo. Las cosas no siempre salen bien, hay veces que salen mejor, hay veces que salen peor, y todos nos vamos a encontrar muchas veces en nuestra vida ante situaciones que son llamadas negativas, que es la etiqueta que le ponemos a una situación, circunstancia o a algo ocurrido que no era lo que nosotros esperábamos ni queríamos, y es ahí cuando nos preguntamos: "¿Por qué siempre me pasa esto a mí?".

Nuestro cerebro se va a poner a buscar una respuesta para esta pregunta y obtendremos afirmaciones que no van a ser buenas para mejorar nuestro rendimiento, pues nos va a culpabilizar para decir: "Te pasa porque no eres capaz, porque no sabes hacer las cosas".

Esto se debe a que le estamos preguntando esto en negativo, y el cerebro va a buscar un ajuste a estas preguntas, las cuales no nos enfocan correctamente.

Ahora bien, debemos hacer esta pregunta, pero en positivo, como "¿cómo puedo aprender de esta situación que pasó?" o "¿cómo puedo obtener una situación favorable a partir de esto?". Si nos hacemos algunas de estas preguntas, nuestro cerebro va a buscar respuestas que las contesten, entonces automáticamente buscará unas pautas para ser más efectivo en el futuro, y esa pregunta es mucho más poderosa para tener nuestro enfoque más claro.

Como sabemos que siempre vamos a tener situaciones que no nos dejen avanzar o nos impidan llegar a lo que realmente queremos, sería conveniente hacernos estas preguntas y así tener el lado positivo o algo nuevo de esta situación en concreto. Esas preguntas nos harán llegar a las respuestas que nos ayudarán a progresar y así saber que el foco es el correcto.

Debes tener enfoque, pero, sobre todo, tienes que estar motivado.

El enfoque adecuado de la realidad que nos rodea puede ayudarnos a adaptarnos mejor a ella.

Tienes que estar por encima de tus preocupaciones, nunca por debajo.

Cuando tienes la necesidad de estar por encima de tus preocupaciones, esto implica que desarrollas una percepción clara de que tienes las riendas de la situación. Cuando haces todo lo contrario y te sitúas por debajo de tus problemas, es que te estás dejando arrastrar por ellos. Tenemos que asumir el lado oscuro de la vida, eso nos permitirá ser más realistas y mantener una mente más tranquila, y de este modo estaremos acercándonos hacia el equilibrio emocional.

Desarrolla tu capacidad de decisión.

Tienes que ser el protagonista de tu propia película **(tu vida)**, no puedes ser un mero espectador. Si te dejas llevar sin tener la capacidad de decidir por ti misma, tu autoestima se dilata y llega a romperse, y con ella tu dignidad, tus emociones y, sobre todo, tus valores... Esta habilidad es muy necesaria para tomar acción y está relacionada con tus capacidades comunicativas.

"Sé el protagonista y no un espectador".

Vamos a por el siguiente capítulo. Te espero en la próxima página, pero antes recuerda...

TÚ ERES TU PROPIA LUZ

Te amo.

19.

¿QUÉ ES EL ÉXITO?

¿Cuántas veces a lo largo de tu vida has utilizado la palabra "éxito"? ¿Cuántas veces te has referido a esta palabra como algo que deseas? Pero ¿cómo defines la palabra "éxito"? ¿Qué es el éxito?

Todo el mundo lo quiere y muy pocos lo consiguen. Es una palabra que tiene más de un significado, y la hemos clasificado en éxitos profesionales, familiares, sociales, financieros, etc.

Esta es una de esas palabras a las cuales yo identifico como "**victoria**".

Es muy difícil o casi imposible llegar a un objetivo si no lo tenemos claro.

Lo primero que tienes que saber con claridad es qué es éxito para ti. ¿El éxito es un objetivo en tu vida?

"El éxito es tener tranquilidad en tu mente y saber que haces lo máximo para llegar a ser lo que tú puedes llegar a ser".

El éxito no se puede definir como un objetivo, es un sentimiento y una manera de actuar en la vida que refleja tu paz mental cuando en algún momento pueden no salir las cosas como tú esperas, sintiendo rechazo o incluso dolor, pero no te desanimas y te mantienes firme y perseverante ante el objetivo que conseguir, sin importar las circunstancias externas.

Muchas veces has de tocar fondo para poder levantarte con mucha más fuerza y determinación, es crecer y aprender de tus errores y saber que tu meta está cerca.

¿Me sigues hasta aquí?

Es importante que lo comprendas bien. Si ya has llegado hasta aquí sé que estás **involucrada en tener tu propio éxito**.

No esperes a tocar fondo para poder levantarte. Muchas veces esperamos tanto tiempo para cambiar una situación que nos arriesgamos demasiado, y simplemente no es que no queramos, sino que no sabemos cómo debemos actuar.

Cuando yo dejé mis negocios y decidí dar un cambio a mi vida, no fue porque estuviéramos en crisis o fueran malos tiempos (que los eran), **era YO** la que no estaba bien. Entré en una desgana increíble y acepté una muy buena oferta de trabajo, pero no lo tenía que haber hecho, porque conllevaba salir de mi hogar, irme a la ciudad y dejar atrás todas mis cosas. Fueron momentos muy duros, a nivel personal, económico y familiar, porque cuando tú no estás bien en algún ámbito de tu vida todo se va uniendo para ponerse mal en todas las demás áreas.

Tenía que haberme trabajado yo, pero no tenía la información necesaria para poder hacerlo, simplemente no sabía. Ahora, después de unos años y teniendo esa información que en su día no tuve, sé que puedes llegar a donde tú te propongas.

¡Por eso no quiero que te pase lo que yo pasé! Pero, aun así, de todo se aprende y por eso te lo digo…

Las cosas no pasan por casualidad, sino por causalidad, y todo tiene un aprendizaje. Siempre hay que sacar lo positivo de la situación o del problema, porque, aunque te parezca que en algún momento no hay solución, siempre la hay.

Yo puedo contarte cómo yo me sentí, aún hoy recordando esos momentos me pongo muy triste, incluso aparecen las lágrimas.

Vivía conmigo mi hija, una adolescente a la que hoy tengo mucho que agradecer porque fue la que vio lo que tuve que luchar para sacar todo adelante. Ella era la que me daba fuerza para seguir. Quise que nunca le faltara nada, y mi obsesión es que pudiera tener un oficio como yo. Tuve la gran suerte de que le gustó y hoy, gracias al universo, después de los años, es una gran profesional.

También me di cuenta de que todo lo que te propones lo puedes llegar a conseguir, está en tu mente. Yo me dejé, quería escapar un poco de la presión que sentía por aquel entonces, y BINGO, ya estaba en mi mente.

Una de las cosas que más me inspiró para salir de esa situación en la que no me sentía a gusto, como ya te comenté en el capítulo anterior, fue tomar decisiones.

Mi experiencia, mis horas, mi todo, lo había puesto a manos de otra persona.

"Si tú no trabajas por tus sueños, trabajarás por los sueños de otra persona".

Pensé que, si pude hacerlo una vez, podría hacerlo otra vez más y todas las que yo quisiera, así que volví a tener mi propio negocio otra vez, ahora con mucha más fuerza, sabiendo el potencial que todos tenemos dentro; no lo creemos, pero lo tenemos.

Si no has llegado al punto de estar abajo y pasarlo mal, no dejes que esto ocurra, tú tienes el mando y el control total de tu vida.

Te diré algunos ejemplos de personas que fracasaron un montón de veces, pero nunca desistieron. Tenían su meta clara para llegar a su éxito.

Michael Jordan, antes de convertirse en uno de los basquetbolistas más famosos del mundo, fue rechazado del equipo de básquet de su escuela. Una de sus frases más famosas es: **"He fallado una vez tras otra en mi vida, y es por eso que he triunfado"**.

Los Beatles, antes de llegar a la fama, consiguieron un contrato con la productora Decca Recording, que grabó quince de sus canciones, pero los productores no quedaron satisfechos con el grupo y les dijeron: **"No nos gusta cómo suenan, no tienen futuro en la música"**.

Cuando **Edison** insistía en encender una bombilla de luz se reían de él diciéndole que no insistiera. **"Llevas cientos de fracasos, renuncia"**, le decían, a lo que él respondía: **"Llevo cientos de éxitos, he encontrado cientos de maneras de cómo no encender una bombilla"**.

Cuando tienes esa actitud frente al éxito es un placer poder disfrutar de todo el proceso de tu crecimiento.

¿Te has dado cuenta de que hay tipos de personas que no están obsesionadas con el éxito? Ni siquiera hablan de él, así que **tú eres único e irrepetible**.

Nunca te compares con nadie, todas tus habilidades y tu talento son especiales en ti.

No eres ni mejor ni peor que otras personas, eres especial, diferente, eres TÚ.

Créetelo, aunque nadie te lo haya dicho y yo no te conozca, te aseguro que no me equivoco.

Todo empieza en la mente.

Las que hemos llegado es porque en algún momento empezamos pensando que podíamos. **SI CREES QUE PUEDES, ESO ES LO QUE OCURRIRÁ.**

Hay una frase que me gusta mucho y te la comparto:

"Cuidado con lo que piensas porque puede llegar a suceder".

Piensa en lo que te apasiona, no en lo que te puede dar dinero.

Cuando te enfocas en lo que te gusta, inviertes más tiempo, tienes ilusión y energía.

Vas viendo el resultado disfrutando de lo que haces sin importarte el esfuerzo.

Si quieres vivir de ello, ¿por qué no? Puedes hacerlo, puedes vivir de tu pasión.

Si empiezas a creer en ti, tu mundo, sin darte cuenta, **¡CAMBIARÁ!**

20.

PASOS QUE DEBERÍAS SABER PARA TENER ÉXITO

Estos son algunos pasos que yo seguí para conseguir lo que tengo hoy.

Nunca te quedes muy cómoda, salir de la zona de confort es algo que tienes que buscar constantemente. Esto te llevará a tener mejores perspectivas y mejores habilidades, del mismo modo que también hará que tengas una vida más satisfactoria en todos los sentidos.

No dejes de estudiar y de aprender. Cuando tú estás descansando hay en algún lugar del mundo personas que están estudiando o entrenando, y algún día te enfrentarás a personas que serán mejor que tú.

Tienes que analizar los fallos o errores que estás cometiendo, identifícalos y aprende de ellos, no vuelvas a equivocarte.

Tienes que buscar mentores, personas que ya hayan logrado lo que tú quieres conseguir, pues te guiarán, enseñándote los pasos que debes seguir.

Hay que tener el hábito de leer cada día. Hay mentores a los que te gustaría conocer por sus resultados, pero que ya no estarán aquí; sin embargo, si dejaron un legado, que son sus libros, aprende de lo que consiguieron.

Cuando empieces tu camino del éxito, aprende de las críticas que te vayan viniendo, esas son las herramientas que te harán crecer y mejorar en lo que te equivocaste. Los cumplidos no son lo que te hará crecer, más bien te harán subir ese ego, el que tenemos guardado y que en cualquier momento puede salir.

Cuida tu alimentación, no caigas en la tentación de productos ricos en azúcares y carbohidratos. Haz una lista de lo que necesites antes de salir a comprar, así evitarás comprar productos que no necesitas. Haz ejercicio, el cuerpo necesita movimiento. Además, debes tener una excelente salud porque, si no cuidas tu cuerpo, no podrás disfrutar de tu éxito.

Fija metas altas a largo plazo y metas a corto plazo que te hagan ir hacia esos objetivos.

Aprende de los errores pasados, no vuelvas a cometerlos.

Rodéate de personas que hayan logrado sus objetivos, que sean más listas que tú, porque de ellas también aprenderás. Solemos ser imitadores de las personas que tenemos a nuestro alrededor, si son trabajadoras y tienen la mentalidad de prosperar, tú también lo harás.

Recuerda que el camino lo haces tú solo/a, cuida tus pensamientos, trátate bien y cuida tu lenguaje interno.

Sé humilde, no creas que lo sabes todo, todas las personas tienen algo de lo que tú puedes aprender. Escucha y luego analízalo, si es positivo quédatelo, y si no lo es olvídalo.

No creas a personas que te digan que no tienes razón en lo que puedes hacer, pide que te argumenten por qué tienen esa opinión y, sobre todo, date cuenta de si ellas tienen resultados.

Sobre todo, sé honesto/a. No mientas, la gente se dará cuenta, solo es cuestión de tiempo, y tu reputación se verá envuelta en algo que no te beneficiará.

Ten un ritual matutino que te motive el resto de día. Haz ejercicio, lee, medita come sano, bebe mucha agua y planifica, así conseguirás que tu cuerpo esté enérgico todo el día y sepas por dónde debes ir.

Olvida ser un asalariado. Nos inculcaron desde la niñez que lo mejor es tener un trabajo en el que nos paguen. Deja ese pensamiento atrás, que no te paguen por tu tiempo, tienes que reprogramarte y que te paguen por tus logros conseguidos.

Debes tener mentalidad de inversor, has de ganar dinero, pero también saber cómo puedes emplearlo para que te genere más dinero.

Aprende lo que es un pasivo y un activo: el pasivo es el que te saca dinero del bolsillo y el activo el que te lo pone. Adquiere activos.

Ayuda a los demás, enséñales y sé positivo. No hay nada mejor que tener personas a las que les puedas aportar algo que les puede ir bien; saca tu mejor versión y enséñales a sacar las suyas.

No seas de las personas que solo hablan y no actúan, no hables y ponte en acción, que tus resultados sean los que hablen por ti.

¿QUÉ HACER CUANDO HAY DESGANA Y TE DAS CUENTA DE QUE NO LO LOGRARÁS?

Lo primero de todo, te diré que sé cómo te sientes, a mí me pasó también. Cuando te enfrentas a esos desafíos que nunca tuviste y te das cuenta de que no estás llegando a los objetivos que te habías marcado, pueden invadirte los pensamientos de "yo no puedo", "no lo lograré", "no tengo tiempo", "no tengo conocimientos", "estoy sola", "nadie me ayuda", etc. Es esa vocecilla que te está diciendo que no salgas de tu zona de comodidad, que te quedes ahí; no quiere esforzarse. Sé que es duro, pero después del dolor y del sufrimiento vendrá tu recompensa. No desistas, no pares, sigue adelante, aunque sea poco a poco, ya volverás a coger el ritmo y la fuerza con la que empezaste.

Rodéate de personas que te impulsen a seguir, muéstrate tal cual tú eres. Eres una mujer poderosa, lo vas a conseguir, así que habla con tu mentor, la persona que te está guiando en este recorrido de transformación.

Nadie dijo que fuera fácil, pero sé que lo lograrás. Debes quitar esos pensamientos que tienes guardados en tu subconsciente, los que te inculcaron en tu niñez, los que te dicen que nunca llegarás a ningún lado; eso ya pasó, te mostré que podemos revertir esos pensamientos.

Cuando estás en ese laberinto y además todo está oscuro, no sabes por dónde salir y piensas: "¿Qué hago?", "¿dónde voy?". Son demasiadas dudas, demasiados miedos, y te preguntas:

"¿Qué hice yo para estar tan sola?".

"¿Estoy yendo por buen camino?".

"¿Es esto lo que realmente yo quiero?".

"¿Qué es lo que tengo que cambiar para ir en busca de mi propósito?".

No sabes qué hacer. Te acercas a personas de tu entorno, les comentas tus dudas, cómo te sientes, y lo único que encuentras es que te dicen que no vale la pena, que no salgas de donde estás ¿por qué tanta lucha?

Te enfrentas a muchas más indecisiones, más dudas todavía, porque crees que tienen razón, entonces dices: "Me quedo como estoy"; pero es una situación cómoda, ¡tú no quieres estar ahí!

Tú quieres estar más tranquila, con una economía más estable, sentirte saludable, y de donde vienes ya lo sabes, ¿para qué volver?

Te equivocaste al hablar con esas personas de tu entorno que aún están en el mismo lugar que tú, pero quieres salir. Son las amistades equivocadas, lo que no quiere decir que las tengas que dejar totalmente, aunque no son buenas para tu propósito. Tú tienes que seguir hacia adelante, tienes que estar motivada, con personas que estén con la misma vibración que tú, con personas que ya hayan llegado a donde tú quieres llegar, ese es el camino. Yo sé que te entran dudas porque yo también las tuve, de hecho, hay momentos en los que todavía las tengo porque aún no estoy en la cima.

Es normal que te entre esa duda, esa oscuridad, esa incertidumbre, yo también la tuve. Simplemente tienes que parar y meditar. Imagina tu objetivo logrado, siente esa emoción de felicidad, de reposo y de calidad de vida ahora, como si en el presente ya lo hubieras conseguido, es lo que tú quieres, libertad financiera, economía para poder disfrutar, para poder viajar, para tener tranquilidad. Yo te diría que no compitas con nadie, compite contigo misma, haz cada día un poquito más porque sé que lo lograrás. Da igual que los demás hayan llegado antes que tú, no importa.

Tú siempre estarás por delante de los que todavía no dieron ningún paso. Por eso te digo, querida lectora, que no decaigas ni te desanimes. Con mi siguiente libro, **MUJER PODEROSA**, al que he querido titular así porque sé que lo eres, lo lograrás; porque eres fuerte, porque eres un ejemplo, porque **SÍ SE PUEDE.**

21.

ÉXITO-FRACASO

Es solo una línea la que separa el éxito del fracaso. Cada persona la puede ver de distinta manera; lo que para unos es un éxito, para otros es un fracaso.

Esto me hace reflexionar y recordar una anécdota de una amiga pintora. Ella mostraba en sus dibujos toda la expresión de su interior, pero había vendido muy pocas obras, por lo que muchos pensaban que había sido un fracaso.

No hace muchos días me la encontré y le pregunté si consideraba un fracaso el haber vendido tan pocas obras, y su respuesta fue que no, que para ella lo más importante era que había conseguido que se expusieran en el teatro de su pueblo, eso ya le hacía feliz. Exponer sus obras fue algo grande para ella, salió de su zona de comodidad, rompió esa creencia que la estaba limitando y que le hacía sentir que ella no podría conseguirlo. Creció como persona, se hizo más fuerte y pudo superar sus miedos a las críticas de los demás y reconocerse a sí misma. Aunque no hubiera vendido ninguno, ella ya había triunfado.

Puedo ver esto como una reflexión. Muchas veces vivimos buscando el reconocimiento de los demás (las obras vendidas), cuando lo más importante es encontrar nuestro propio reconocimiento, tomar acción. El éxito solo depende de TI.

¡QUERIDA LECTORA, ESTÁS TAN CERCA DE CONSEGUIR TU PROPIO ÉXITO!

Sé que has elegido el camino correcto, pasa de página, nos vemos dentro...

¡Vamos a por tu **ÉXITO**!

EL MUNDO A TUS PIES

Te amo.

22.

CAMINANDO HACIA TU ÉXITO PERSONAL Y ECONÓMICO

Muy a menudo me encuentro con personas que no tienen trabajo, ni buenas relaciones ni buena salud, todo les va mal en la vida.

Todo el mundo tenemos a este tipo de personas en nuestro entorno, solamente tenemos que pararnos y observar. Son personas NEGATIVAS y no están dispuestas a que les des ninguna explicación de cómo revertir su situación. Cuando tú les comentas los cambios que tienen que hacer y les transmites que tú les puedes ayudar, tienen todo tipos de argumentos para contestarte: que el destino es lo que quiere para ellas, que no lo creen, que piensan que tú tienes mucha suerte, que eres más fuerte, que eres diferente, que conoces a más gente, que hablas mejor, etc.

Todos somos iguales, estamos unidos, así que hay que transformar los pensamientos y no cerrarse en que lo sabemos todo, eso es **EGO**. La vida es un continuo aprendizaje, nunca se sabe lo suficiente; hay que estar **incómodo** para en el futuro estar **cómodo.**

Pero como ya sabemos, el pasado, pasado está, el presente es donde nos debemos enfocar.

Tú eres responsable de tu propia vida, tú tienes que coger las riendas, nadie lo va a hacer por ti. Para construir nuestro futuro es importante estar equilibrado a nivel emocional y espiritual.

Estás siendo programado para que no consigas ser próspero.

Tu éxito no solo viene de la economía, también viene de tu interior. Pertenecemos al universo, no somos únicos, y no creas lo que nos dijeron cuando éramos niños, eso de que el dinero y la felicidad son solo para los ricos.

No lo creas, es una manera de generar el miedo y de programarte para la pobreza. Yo no estoy de acuerdo con cada cosa que nos cuentan, yo sé que la felicidad está dentro de nosotros y que tenemos capacidad suficiente para atraer a nuestra vida todo lo que nos propongamos, porque yo lo experimenté en mi persona. Pasé de no tener nada a tener una vida libre y con propósito. ¿Sabes por qué?

Porque nunca me vi una perdedora, eso no va conmigo.

Y sé que TÚ tampoco lo eres.

Hay que reprogramar las ideas que te trasfirieron genéticamente desde niño.

Tengo un propósito para ti, y es hacerte ver aquello que sí es cierto y hacerte ser consciente de que te quieren mantener en la pobreza los medios de comunicación, que transmiten malas vibraciones, pues solo nos enseñan desgracias, personas que se engañan unas a otras y la corrupción del sistema.

En nuestra niñez nos enseñaron que tenemos que ahorrar todo el dinero posible. Así, la mayoría de las personas desperdiciamos nuestra vida trabajando para recibir un sueldo fijo que nos permita cumplir aquello que nos enseñaron y para lo que nos programaron; y lo cierto de esto es que en el momento en el que te pagan tú ya piensas como un empleado. En el momento que aceptas tu sueldo, tu cerebro muere, esa es la trampa.

LA TRAMPA. Los empresarios y emprendedores, los que serán ricos tarde o temprano, trabajan gratis por mucho tiempo. Muchos de los que hoy son ricos tuvieron algún desafío que no pudieron controlar, ese fue el punto de quiebre para conseguir lo que hoy han logrado.

Te pondré un ejemplo. Imagínate que te caes al mar y no sabes nadar. Tu necesidad es salir a flote y respirar, no puedes pensar en otra cosa porque si no mueres. Ahí es cuando se produce un punto de inflexión, y tu mente estará alerta sin pensar en nada más que poder solucionar este problema. **Es decir, solo pensará en respirar.**

En ese mismo instante entras en conflicto con tu mente y con todo para lo que fuiste programado. Así que, si tú quieres quedarte en tu misma situación, es por tener miedo y seguir en tu zona de confort.

Encontrarás personas que te dirán que es mejor tener un trabajo seguro. En una carrera nunca nos enseñaron acerca del dinero; la sociedad nos educa para mantenernos en la clase media o incluso en la pobreza.

Un empleado no tiene que hacer nada, solo trabajar y no saber nada de dinero; es conformista, solo piensa en llegar a final de mes, no ve más allá.

Querido lector, si has llegado hasta aquí estoy convencida de que tienes ambición, ambición por ti, por tu familia, por tus hijos y por todas las personas de tu alrededor.

¡Sé que llegarás lejos!

¿Imaginas poder conseguir todo lo que te propongas? Una casa mejor, no preocuparte por la economía, viajar, ayudar a más personas, etc., ¿lo ves?

Yo sí, ¡y espero que tú también porque **no somos unas perdedoras**!

¡Un empresario tiene que saber de dinero!

Encuentro muchas personas que están continuamente diciendo: "Yo no puedo pagar eso, es muy caro. Eso no es para mí, a mí no me sobra el dinero, lo que tengo lo he conseguido con mucho sacrificio".

Cuando tú con tus palabras estás afirmando que **no** puedes, eso es lo que atraerás a tu vida, en este caso, no tener dinero. La manera más eficaz sería decir:

"¿Cómo puedo pagarlo y cómo lo haría?".

Ante todo, quiero recordarte que la pobreza estará siempre donde la pobreza y tus palabras se convertirán en una realidad. Haz declaraciones como:

"¡YO PUEDO, LO CONSEGUIRÉ!".

"La imaginación es más importante que el conocimiento, pero el conocimiento da poder a la imaginación".

Einstein

Si lo piensas realmente, las personas pobres son egoístas, siempre se quejan de los problemas, están enfocadas en sus propias dificultades. Además, nadie puede atreverse a contradecir sus excusas y las supuestas razones por las que no son exitosas, y mientras están concentradas en ellas se olvidan de todos los demás.

Si quieres ser exitoso tienes que empezar a buscar soluciones y a actuar ante los desafíos que te puedas encontrar, así es como se crea valor.

Ya vimos todos los que quieren que te mantengas en la clase media utilizando el miedo y tu programación, entonces la mejor manera de salir de todo esto es reprogramarte.

Invierte en ti misma, no solo en lo económico, sino en tener conocimientos y coger hábitos y estrategias que cambiarán tu calidad de vida.

Te diré tres pautas para tener éxito personal y financiero:

1.º Imagínate teniendo éxito, como si ya lo hubieras conseguido en presente. ¡Ya lo conseguiste! La visión es fuerte y muy efectiva.

2.º Madruga, levántate más temprano. Las personas de éxito comienzan el día temprano.

3.º Visualízate con lo que tú quieras conseguir. ¿Qué deseas?

Escribe tus metas y pon en marcha tu día sabiendo todo lo que tienes que hacer, enfocándote en solo una cosa: **tu éxito**.

Hazlo sencillo, la simplicidad en las cosas te hará llegar a tus resultados. Empieza haciendo pequeños cambios en tu rutina diaria.

Mantén tu mente ocupada, trabaja en lo que te gusta, en lo que no te importaría trabajar todos los días del año si fuera necesario, porque trabajar en tu pasión es engrandecerte y vibrar alto.

Si quieres un cambio debes atraer lo que no tienes, debes cambiar la manera de ver las cosas. Rompe esquemas y pide ayuda a un mentor con resultados. Si cambias una sola idea de lo que estás pensando ahora mismo en tu presente, eso te desvía a otra trayectoria de vida. No te digo que lo consigas o que veas el resultado inmediatamente, pero si tienes constancia y no te desvías te puedo asegurar que el resultado lo irás viendo; ahora bien, tienes que poner acción, si no nunca lo verás materializado.

"Quien no haya leído al menos un libro, no conocerá el maravilloso mundo de la imaginación".

23.

HABLANDO UN POCO MÁS DE ECONOMÍA

Si quieres realmente tener riqueza, debes romper el patrón que tenemos instalado en el subconsciente. Desecha toda esa información que nos inculcaron nuestros padres sobre que el dinero no es para nosotros, que el dinero no da la felicidad, que hay que trabajar duro si queremos tener un sueldo digno, etc.; y yo te pregunto: ¿crees que con esta información que tenemos podemos conseguir algo de lo que nos merecemos por destino? ¡Pues no!

Cuando yo decidí cambiar mi economía y a la vez todo lo que ello conllevaba, dejé muchas cosas atrás, incluidas personas cercanas a mí y familiares.

Te dirán cosas que no quieres oír, te mirarán raro, no creerán en ti, pero yo solo te diría que mires tu cuenta bancaria.

Yo prefiero oír las voces de personas que tienen éxito, y no a esas otras que creen que lo saben todo, pero lo que hacen es esperar que venga un milagro y les saque de su pobreza, y mientras tanto están en su zona de confort y pasando de la realidad.

Hay que ser honesto con uno mismo, no te engañes, dite la verdad, con lo que tienes no estás satisfecha.

¿Te gusta lo que tienes?

Y esas personas que no entienden que tú vayas a lograr lo que ni más ni menos te mereces, ¿cómo están?

No te digo que te enseñen sus cuentas corrientes porque no lo harán, pero ¿tienen que trabajar para poder tener su economía?

¿Tienen ingresos pasivos que les permitan no ir a trabajar?

¿Sabías que el tema del dinero es el tabú número uno?

Así que cambia tu alrededor y tus creencias, y te daré pautas para que esto llegue a un buen final.

En primer lugar, rodéate de personas que ya hayan logrado su objetivo, te será más fácil ver que, si ellas pudieron, tú también podrás.

Aléjate del rol de víctima. **ERES PODEROSA**.

Hay un **porcentaje del 97 % que fracasan en su objetivo y un 3 % que sí lo consiguen, y tú dirás "YO SOY EL 3 %"**. ¡Felicidades si eso es lo que piensas! **Esa es la ACTITUD**.

Pero la actitud va acompañada de la **ACCIÓN**.

¿Por qué el 97 % no lo consiguieron? Pues por algo que muchas veces nos pasa, que decimos que lo haremos, pero solo se queda en el pensamiento.

Y el 3 % lo consiguen porque dicen que lo hacen y toman acción, sin pensarlo.

Y ahora piensa por un momento…

¿A qué grupo perteneces tú?

¿Al 97 % o al 3 %?

Escribe en estas líneas qué motivos tienes para querer ser del grupo del 3 %.

____

____

____

¡Fabuloso! Ahora que ya sabes tus motivos y quieres ser financieramente abundante, toma el 100 % de responsabilidad. Seguimos...

Todo lo que voy a contarte aquí te pido por favor **que no lo creas, solo compruébalo**. Yo tardé en ponerlo en práctica, pero te cuento cómo me funcionó.

En primer lugar, identifica tu presente a nivel económico. ¿Cómo estás económicamente?

¿Cuántos ingresos tienes mensualmente?

¿Cómo te sientes con esos ingresos?

____

____

____

Seguidamente, anota todas las salidas que tengas a nivel económico: tus gastos de alquiler, agua, luz, teléfono, trasporte, gasolina, comida, algún que otro capricho, etc. Anota todo y dite la verdad.

____

____

____

¿Cómo te sientes?

Nada bien con lo que anotaste, ¿verdad?

¡No importa, por eso estás aquí!

Yo me sentí igual que tú cuando pude ver anotados mis ingresos y mis salidas.

Para atraer tu economía no debes estar visualizando y esperando que las cosas cambien, sino que tienes que saber que **"no hay nada por nada"**, has de dar en la medida que tú quieras recibir.

Estamos programados para la escasez, y lo primero que tienes que saber es que con tu vibración atraerás la manifestación de lo que tú quieras conseguir.

Si no lo estás teniendo es porque tus pensamientos son de ESCASEZ, no estás teniendo la vibración adecuada. Tu pensamiento está muy lejos de pensar que lo puedes conseguir. Sabemos que todo lo que nos rodea en nuestro entorno tiene mucho que ver, y no coincide con lo que tú quieres conseguir, pero como ya sabes tú puedes cambiar eso, **¡y sé que lo harás!**

Si lo que quieres es más dinero y estás leyendo esto, quiero que te comprometas contigo misma, como yo lo hice en su día, y te digas:

"VOY A CONSEGUIR LO QUE DESEO, TENER MÁS ECONOMÍA, Y NO PARARÉ HASTA CONSEGUIRLO".

No para todas las personas tener éxito financieramente significa lo mismo, es decir, lo que para ti será suficiente para otra persona puede que no lo sea. Por eso debes tener claridad, saber qué es para ti tener éxito financieramente.

Tener confusión no te dará esa claridad que te mostrará el camino por el que seguir.

Ahora tienes un propósito, que es atraer el dinero, así que toda tu energía estará enfocada solo en tu objetivo, y debes tener prisa por conseguirlo; al Universo, o como tú le quieras llamar, no le gusta la lentitud, así que tienes que moverte a la velocidad de un rayo.

Cuando estás en esa vibración se te presentarán situaciones o negocios que no puedes dejar pasar, incluso leyendo este libro. Tienes que estar atenta a todas las señales que el universo te irá mostrando, porque no podemos saber en qué momento podemos tener esa claridad y decir: "**¡Esto es lo que quiero!**"; entonces es cuando tu interior te avisa.

La mayoría de las personas son lentas en el camino porque no tienen claro el objetivo.

A la edad de veintiún años me independicé, yéndome de casa de mis padres, y formé mi propia familia. Al poco tiempo, vino una crisis importante de trabajo y todo lo que parecía muy bonito se vino abajo. Mi pareja se quedó en paro, fue una etapa muy dura, muy difícil, y yo tenía mi propia peluquería, pero el miedo se apoderó por unos momentos de mí. Entonces se juntó la inexperiencia en todos los aspectos y el no saber qué iba a suceder; nunca había pasado por una situación tan dramática, porque ahora éramos una familia y estábamos solos.

Ahí fue cuando una vez más tuve que sacar esa fuerza para salir adelante y para que todo no se viniera abajo. Fueron días y meses de buscar mi pareja trabajo y venir con una negativa. Cada día pensaba que la situación cambiaría, pero, la verdad, el tiempo no lo ponemos nosotros, así que duró más de lo que yo pensaba.

Sacando esa fuerza interior pudimos salvar el mal bache que estábamos atravesando, pero, una vez más, ya a temprana edad, me sentía cansada por no poder tener todo lo que quería y deseaba para mi familia. Todo era mucho esfuerzo, y creo que eso fue lo que me hizo dar el clic, y pensé: "**¡Nunca más!**". Me preguntaba por qué otras personas no tenían esa escasez de dinero y yo sí, así que me dije: "Haré lo que tenga que hacer para no tener más escasez económica".

Creo que eso fue lo que me impulsó a meterme en el mundo de los negocios.

Pasé por muchos desafíos, por negocios que no funcionaron y por otros que costaron un poco más, pero nunca desistí de mi objetivo, así que a medida que iba consiguiendo poco a poco mi objetivo me estuve formando para ampliar mis conocimientos. Nunca dejé de aprender técnicas nuevas que pudieran hacerme crecer. No tengo una carrera universitaria, pero lo que sí tengo son muchas ganas de aprender y saber de personas que consiguieron lo que yo deseo, por eso me rodeé de personas con resultados para aprender de ellas.

No te diré que puedo vivir de mis rentas sin trabajar (aún no, pero sé que llegará ese día), pero sí vivo económicamente tranquila y feliz. Me siento dichosa por todo lo conseguido.

Ponlo en tu mente y lo verás realizado.

ENGAÑOS Y MENTIRAS. Quiero contarte que en el proceso de querer tener esa economía y atraer el dinero te encontrarás con personas que te ofrecerán negocios e inversiones fáciles sin tener tú que hacer nada, solo invertir, y ellos se encargarán de todo lo demás. Te enseñarán documentos con números que tú creerás que son reales y te darán todo tipo de explicaciones para que te quedes totalmente tranquila. Sin embargo, yo te diré que **NO LO HAGAS**, no hay nada por nada, **tienes que dar en la medida que tú quieras obtener**, y eso quiero que lo tengas muy presente. Para todo hay un riesgo, en mayor o menor medida, pero hay mucha mentira.

Sé de personas que perdieron mucho dinero por su afán de conseguir dinero fácil, de hecho, hay empresas de mentira (ficticias).

Cada año millones de personas han sido víctimas de fraudes, y esto a nivel de inversión, pero también hay engaños y fraudes a nivel de compras por internet.

En el año anterior tres millones de personas fueron víctimas de este tipo de estafas. A los estafadores les gusta el dinero a través de trasferencias, y en 2018 se logró obtener 423 millones de dólares por medio de trasferencias de dinero. Este fue el método de pago que más utilizaron, pero también hubo otros, como tarjetas de regalo y tarjetas recargables, que representaron un aumento del 95 % en la cantidad de dólares pagados a estafadores durante el año.

Solo invierte en lo que tú domines, en lo que tú tengas ese conocimiento y el control de tu inversión, si no lo tienes, no lo hagas.

Cuando una persona tiene este punto de quiebre, en muchos casos es cuando nos damos cuenta de una realidad y es cuando tomamos la decisión de dar ese cambio en nuestras vidas.

El dinero es algo que te mereces y es para lo que estás destinado, no es algo que llegará a ti. Solo tienes que verlo como que ya está en ti, haremos creer a tu mente que ya es parte de ti, de tu vida.

Hazte responsable de tus resultados. Solo tú tienes la capacidad de cambiar esa creencia de dinero sin saltarte los pasos, y reprogramando tu mente verás el resultado.

CAMINO DE TU RIQUEZA

En una de esas reuniones, que muchas veces no son el lugar donde te gustaría estar, se entró en la conversación del tema dinero; como ya te comenté, es el tabú número uno.

Escucha a todos, pero solo debes seguir a personas con resultados, además, no comentes ni hables de tus pensamientos de atraer el dinero. Si lo comentas se reirán de ti, te dirán que se te ha ido la cabeza, pero cuando lo consigas te dirán que sabían que lo conseguirías. Por eso no escuches esas voces de tu entorno que te dirán que tú no puedes, o simplemente te ignorarán porque tú no sabes (no tienes una carrera), y escucha a personas que ya lo hicieron y pregúntate: "Si ellas lo consiguieron, ¿por qué yo no?".

Estamos en el siglo XXI y, a diferencia del siglo anterior, durante el que nos inculcaron que tener una carrera universitaria era necesario para poder tener la vida resuelta, esto ya no es así, no funciona. Sé de personas que están en un trabajo toda su vida que no les gusta y están desmotivadas, no tienen ilusión por ir a trabajar, solo lo hacen por un sueldo que les hace estar en la rueda de la rata, cobran, se lo gastan y vuelven a pasar un mes más. Así consiguen no estar motivados ni ilusionados por el trabajo que hacen.

Cuántas personas se ponen delante de su puesto de trabajo y piensan: "¿Qué hago yo aquí?".

En el siglo XXI eso ya no es así, si no te gusta tu trabajo, ¡cámbialo! Invierte en ti, sé emprendedor y dueño de tu propio negocio, así podrás demostrar lo que realmente vales. Levántate cada mañana y piensa: "¿A cuántas personas puedo ayudar hoy?, ¿qué puedo aportar? A mi trabajo, a mi familia, a mi pareja y a la sociedad". Siempre da más valor de lo que esperan recibir de ti (de tu producto o servicio); cuanto más valor des, más te lo devolverá el universo.

"La gente que sale adelante en este mundo es la gente que se levanta y busca las circunstancias que quiere, y si no las encuentra las hace".

George Bernard Shaw

Llegados a este punto, te espero en las siguientes páginas...

ERES TODO CORAZÓN

Te amo.

24.

NUEVAS AMISTADES

Estoy tan emocionada y a la vez tan triste porque sé, lo presiento, que llegados a este punto has tomado decisiones importantes. Quieres y deseas volver a comenzar un sendero nuevo, un camino distinto hacia tu felicidad, porque es lo que te mereces y es lo que el universo tiene preparado para ti…

Has tomado conciencia y por eso estoy tan emocionada, porque sé que te esperan cosas muy bonitas. Verás otra luz distinta a la que estabas acostumbrada; mirabas con los ojos de las personas que tenías a tu alrededor, pero esa no eras tú.

Es un paso importante el que estás dando, y no me queda otra que felicitarte.

Cuando yo estaba en este punto y decidí dar un cambio en mi vida estaba y sentía como hoy te sientes tú, contenta y feliz porque lo que viene es ni más ni menos que lo que te mereces, y por destino es tuyo y nadie te lo va a quitar, pero a la vez me sentía triste porque dejaba atrás personas que yo creía que eran mi apoyo, y eso no era así.

Esas personas no vibraban como tú, no hablabais el mismo lenguaje, no te entendían, y a la vez es una emoción diferente, tampoco puedes explicar lo que te está sucediendo, solo es el momento en el que hay que dar ese cambio para poder evolucionar, y a cada cual le llega su momento. Hay una frase que dice:

"Cuando el alumno está preparado aparece el maestro".

Cuando yo escuché por primera vez esta frase, imaginaba que vendría una persona sabia a decirme lo que tenía que hacer para poder actuar y salir de la situación en la que me encontraba.

La vida nos está dando una lección continuamente, unas en positivo y otras muchas en negativo, pero cuando tú estás en las cosas cotidianas no paras a pensar en ti ni un momento; así que acuérdate de la importancia, como te comenté en el primer volumen, *Las tinieblas de tu interior*, de hacer meditaciones. Entonces es cuando te escuchas, te adentras en tu interior y oyes esa voz que sale de tu corazón y te dice: "¡Por ahí no vas bien! Tienes que empezar a moverte porque yo estoy esperando que tú hagas tu parte para yo poder hacer el resto".

El UNIVERSO te está contestando a todas tus preguntas...

¡TÚ NO ESTÁS SOLA!

No tengas miedo a sentirte y escucharte, es muy enriquecedor y, sobre todo, sanador, porque es cuando empiezas a sanar tu interior, tu **YO INTERIOR**.

A lo largo de nuestra vida nos vamos encontrando con muchos maestros, y te podría decir que por cada situación y miedo que pasamos en momentos determinados no vamos hacia adelante por esas creencias limitantes que nos frenan, por algún motivo de nuestro pasado, y preferimos ignorarlo y quedarnos en nuestra zona de comodidad, que no es tanto así, porque sabemos que esa situación en la que te encuentras no te hace bien.

Cada maestro nos viene a enseñar algo, a ponernos a prueba para hacer algo distinto. Muchas veces no vas a saber quiénes son porque cuesta un poco reconocerlos, ya que van generalmente ocultos o disfrazados.

Un maestro es cualquier persona que nos va a ayudar a crecer, aunque sea de algún modo que no nos guste.

Pueden ser personas que te han tratado mal, incluso que te han hecho sentir humillado. Te pondré unos ejemplos, hay maestros del amor, personas que vienen a tu vida y que crees que te quieren, o por lo menos eso piensas, y al final terminan dejándote, están poniendo a prueba tu amor propio, tu autoestima.

El maestro no hace falta que sea un sabio o haya leído libros, puede ser cualquier persona, incluso un niño o tu propio hijo, al que en un momento determinado le chillas y te dice: "¿Por qué me chillas si solo quería explicarte algo?". Eso es un maestro con una lección, bonita, positiva, que te hace entender que tienes que estar más tranquila, tu hijo te necesita y necesita de ese ratito para explicarte lo que él siente en ese momento.

Otro maestro quizá sea una persona de cincuenta años, que puede ser tu jefe que te reduce el sueldo, te hace trabajar más horas y no te deja tiempo para estar con tu familia. Eso es una lección que te está indicando que tienes que plantarte, expresar lo que tú piensas y decir "basta"; todo son pruebas y aprendizajes.

Otro puede ser en el momento que decidiste comprar este libro, esto no es casualidad, es una causalidad, porque lo estabas necesitando, **había un mensaje para TI.**

Estas son lecciones distintas, pero con un aprendizaje.

Te pediría un favor, cuéntame, ¿qué te hizo tener en tus manos este volumen?, ¿qué viste?, ¿qué sentiste?, ¿cómo está transformado tu vida?

Si es así, te preguntaría: **¿Crees que haya alguna persona que conozcas que necesitaría leerlo? Me haría muy feliz que mi mensaje pueda transformar la vida de muchas personas que se encuentran perdidas para que encuentren ese camino hacia la felicidad y se miren al espejo y vean su transformación.**

Anota aquí a esas personas a las que crees que les pueda interesar.

____

____

Gracias, gracias, gracias.

25.

APRENDIENDO DE LOS ERRORES

Cuando ya eres consciente de tu realidad y empiezas a notar, ver y sentir cómo vas teniendo situaciones o personas nuevas que te mostrarán oportunidades, tienes que estar muy atenta a los mensajes que te irán viniendo. No lo dudes, son nuevas oportunidades que te llegan, que tienes que ir aceptando, y debes estar abierta a nuevos caminos. Llevas un aprendizaje de tu vida, de esa vida vivida, y esa es la mejor universidad que hayas podido tener.

La universidad de la vida es fuente de inspiración, de integridad, de valores, de arrepentimientos, de sentimientos y de actitudes que alguna vez no fueron los correctos, pero fue lo mejor que te haya podido pasar y por todo esto da las gracias. Da las gracias por tener ese recorrido que te hace de guía para llevarte de la mano hacia tu destino, la felicidad. Ya no eres la persona que fuiste, esa persona que no se conocía cuando se miraba al espejo, solo veía un rostro demacrado por el sufrimiento, unas ojeras provocadas por no poder dormir por las noches, ese rostro descuidado por falta de ilusión, esa desgana.

Hoy te miras y ves mucho más allá, miras en tu interior, ves a tu niña interior descuidada, olvidada, no se siente querida, está muy sola, nadie la mira.

Hoy por fin te quieres un poquito más, y cada día ves cómo tu rostro va cambiando. Empiezan a desaparecer esas ojeras, tu piel va cogiendo color. Estás más contenta, empiezas a tener ilusión por la vida, tienes nuevos proyectos y personas nuevas que van apareciendo en tu nuevo camino; empiezas a ver esa luz que antes no veías.

Tienes presente a tu niña interior, te habla ahora. La escuchas, está feliz porque sabe que tú estás con ella, que la quieres y la proteges, porque sabes que solo sois UNA.

Cuando yo me encontraba en el mismo punto en el que tú estás ahora, venían situaciones y personas a mi vida que nunca antes hubiera imaginado.

Hace unos años atrás conocí a una persona en el ámbito laboral, nos caímos bien, pero nada más. Sí es cierto que había veces, aun pasando el tiempo, que la nombraba por una u otra circunstancia, pero de ahí nunca pasó. Al cabo de los años volvió a aparecer en mi vida, conoció a mi hija y la vida la puso otra vez en mi camino. Pues tengo que decir que esta persona estaba comenzando un nuevo proyecto en su vida laboral que estaba muy relacionado con mi proyecto de crecimiento personal. Pues bien, ella me presentó a ciertas personas que a la vez me presentaron a otras personas, y hoy en día son clientas satisfechas, con un seguimiento por mi parte muy enriquecedor y gratificante.

Te preguntarás, como yo me lo pregunté en su día, por qué no ocurrió por aquel entonces todo esto.

Pues muy sencillo, no era el momento, todavía tenía que aprender una lección para llevar a cabo lo que años más tarde se vería materializado.

CONTROLAR

Solemos controlar nuestra vida, dando absoluta prioridad a la mente racional, pero el control desde ese punto de vista no está a nuestro alcance. La racionalidad se basa en la aceptación de la percepción que creamos a partir de una información recibida por nuestros sentidos, apartando la influencia de las energías que existen más allá de los sentidos y que influyen en nuestro comportamiento.

No sabría explicar racionalmente el origen de esta influencia, por lo que recurrimos a la intuición, y es aquello que pensamos que puede ser lo correcto para nosotros en el momento que nos llega.

Todos poseemos esa intuición, pero aceptar lo que muchas veces nos dice nos da miedo y entramos en parálisis por análisis, porque tenemos la percepción de que nos va a llevar más allá de lo racionalmente correcto, y eso nos cuesta asumirlo.

Atrévete a escuchar tu intuición cuando se te presente, porque difícilmente volverá a llamar a tu puerta.

Atenta a las señales.

En tu nuevo camino tengo que hablarte de distintas personas que también se te acercarán, nuevas o de tu pasado. Tienes que saber identificarlas y saber cómo puedes actuar con ellas...

Pasa la página y nos vemos dentro, pero antes déjame decirte...

TU PODER DE DECISIÓN ES MUY GRANDE, ¡NO DUDES!

26.

DISTINTAS PERSONALIDADES Y CÓMO DETECTARLAS

De todos es sabido que hay personas que tenemos más sintonía o sentimos más *feeling* con unos que con otros, y es porque tenemos distintas personalidades y no todas encajan con la nuestra. Puede ser por distintas causas, como el carácter, que su manera de ser no vaya con nosotros o la vibración que nos rodea; y entonces decimos la típica frase: "Hay algo en ella o en él por lo que no puedo ni acercarme". Probablemente, si habláramos igual cambiaríamos de pensamiento, pero nuestra personalidad nos lo está impidiendo.

Esto es porque tenemos personalidades OPUES-TAS.

También ocurre lo opuesto, y sin conocer a las personas nos damos cuenta de que tenemos muchas cosas en común, mismos gustos por las cosas, misma música, etc.

La personalidad es un conjunto de características psíquicas de una persona; emociones y pensamientos que van ligados al comportamiento, que persisten a lo largo del tiempo frente a distintas situaciones.

Hay cuatro tipos de personalidades. Al conocerlas te darás cuenta de qué clase de personas están hablando para poder detectar cómo debes comportarte con ellas.

SANGUÍNEO. Es una persona alegre y cuenta chistes. Es el alma de la fiesta, todo el mundo quiere ir con él, siempre está contento y, si le cuentas algo trágico, siempre te sacará un chiste. ¿Conoces a alguna persona así, que siempre esté contenta, de buen humor? Pero también tiene sus debilidades, es muy cotilla (chismoso); si quieres que algo se sepa cuéntaselo a un sanguíneo. Es olvidadizo, no se acuerda de fechas señaladas, como los cumpleaños. Siempre tienen que estar en movimiento y no les interesa mantener sus amistades porque saben que en cualquier sitio que vayan van a caer bien.

COLÉRICO. Es una persona que puede ser jefe, le gusta liderar y dirigir. Además, es muy trabajador y muy estricto con las personas que tiene a su alrededor, ya sean sus empleados, sus amigos, sus hijos o su esposa. Es la típica persona que quiere resultados y los quiere ya, siempre va muy acelerado.

FLEMÁTICO. Es el lado opuesto al colérico; es tranquilo, sereno, paciente y casi no habla. Es buen amigo y muy meticuloso. Suelen ser personas a las que les gustan los números y les gusta pasar desapercibidas. Su debilidad es que son muy lentos; es la típica persona que nos encontramos y que nos dice: "No tengas tanta prisa, ¡para qué correr si a todo se llega!".

MELANCÓLICO. Es introvertido, perfeccionista y analítico. Es muy sensible emocionalmente. Es propenso a ser introvertido, sin embargo, puede actuar de forma extrovertida. No se lanza a conocer gente, sino que deja que la gente venga a él. Sus tendencias son perfeccionistas y su conciencia hace que sea muy fiable, pues no le permite abandonar a alguien cuando está contando con él. Tiene buen carácter, pero es difícil convencerlo de iniciar algún proyecto, ya que es muy analítico, considera los pros y los contras de cualquier situación. Es de una naturaleza emocional muy sensible, con tendencia a veces a la depresión. Su debilidad es ser negativo, crítico, pesimista y quisquilloso.

Ahora que sabes un poquito más de las distintas personalidades, me gustaría que en primer lugar te identifiques tú. ¿Qué tipo de personalidad tienes?

¿Por qué te pregunto esto? Por una razón muy sencilla, si tú no sabes qué tipo de personalidad tienes, no podrás saber con qué persona te puedes identificar y así llevar a un buen término la relación que tengas en ese momento: amistad, padres, hijos, familiares, compañeros de trabajo, pareja, etc.

Anota en estas líneas con qué cualidades y debilidades te identificas, así podrás conocerte un poco mejor.

CUALIDADES:

____

____

____

DEBILIDADES:

____

____

____

MI PERSONALIDAD ES ___________________________

Cuando yo me estudié las personalidades y supe la que era yo, comprendí muchas cosas. Yo conocí a una persona a través de mi trabajo. Era una clienta que solía venir y tenía ese don de adentrarse un poco en tu vida queriendo ayudarte, ¡o eso creía yo! Sí que lo hizo en alguna ocasión y desde aquí le doy las gracias, pero no había conexión, yo lo sentía así, pero cómo decirle nada, era imposible, tampoco sabía cómo, notaba que ella siempre quería ser la mejor, la protagonista. Pasaron los años y había temporadas en las que estábamos más cercanas que en otras, pero cuando sabes cómo tratar a ese tipo de personas, es como que ya les descubres algo que tenían bien guardado, y era su carácter.

Cuando tú despuntas en lo profesional, en lo personal o en lo económico, es como que ya les haces sombra, y no se sienten identificadas contigo.

Y notas que, sin perder la amistad, se van distanciando; eso que yo creía o pensaba que era amistad no lo era.

Encontrarás personas como esta (seguro que ya identificaste a alguna); pero no te preocupes, vendrán otras que tendrán la misma vibración que tú y serán mucho más afines a ti.

Ahora que ya sabemos de personalidades, te daré algún detalle más para poder identificar y saber lo que nos dicen a través del lenguaje no verbal.

LEGUAJE NO VERBAL

Según estudios, cerca del 93 % de lo que transmitimos en una conversación es comunicación no verbal.

La comunicación que realizamos a través de nuestro cuerpo tiene gran influencia en las relaciones sociales, y es el perfecto espejo de las emociones. El lenguaje corporal es una forma de comunicación que se basa en los gestos, en las posturas, en los movimientos del cuerpo y en el rostro para transmitir información.

Suele realizarse de forma inconsciente y es un buen indicador del estado emocional de la persona, de cómo está.

El lenguaje no verbal puede verse influido por factores externos, como el medio ambiente, por lo tanto, no es fiable al 100 %, pero sí nos puede dar algunas pautas para saber qué dicen y piensan de nosotros.

Técnicas de lenguaje no verbal y su significado

Cuando tenemos una persona delante de nosotros, es casi obligado el contacto visual con ella, y existen elementos, como los ojos, la sonrisa o las manos que se llevan a la cara, y este gesto en particular tiene mucho más significado de lo que creemos, que forman parte de su lenguaje no verbal.

Tocarse la nariz: significa que la persona está mintiendo, enfadada o está molesta.

Mirar hacia los lados: puede tener un significado negativo, como estar aburrido y querer marcharse.

Contacto visual prolongado: cuando se une al volumen en el tono tiene varios significados.

Tristeza: cuando una persona siente esta emoción su volumen es bajo y lento.

Alegría: es todo lo contrario a la tristeza, su volumen es alto y su tono de voz es fuerte.

Sorpresa: es cuando su tono es alto y su velocidad es rápida.

Desinterés: tiene el volumen y el tono bajo.

Sorpresa: el tono es rápido y alto y la pronunciación es acentuada.

Nerviosismo: el tono es medio-alto y habla de forma bastante rápida.

Confianza: el tono es alto y decidido y habla a una velocidad normal.

¿TE IMAGINAS PODER ESTAR DELANTE DE UNA PERSONA Y TENER TODA ESTA INFORMACIÓN QUE ESTÁS LEYENDO AHORA?

¿Que sin necesidad de que te diga nada estés sabiendo todo lo que está queriendo decirte?

Tengo que confesarte algo, cuando yo empecé a estudiar la personalidad y el lenguaje no verbal, para mí era como un juego, lo observaba todo: las caras, los tonos de voz, etc.; y además iba un poco más allá y también me fijaba en los gestos, por ejemplo.

Si se toca la oreja significa que lo que está escuchando no le interesa.

Cuando encogen los hombros significa que no saben lo que está ocurriendo, pero tampoco les interesa.

Los brazos cruzados significan rechazo. En cuanto a este gesto debemos tener en cuenta la zona ambiental, puede que estén sintiendo frío.

Las manos detrás de la espalda significan que se trata de una persona que no tiene miedo, y esto ayuda a tener más confianza hacia la otra persona.

Las palmas de la mano abiertas significan honestidad, lealtad, es una persona que no esconde nada y es bastante creíble.

"Si la persona con la que estás hablando imita tus movimientos, la conversación es todo un éxito".

Estos son algunos ejemplos de lenguaje no verbal, pero recuerda que para obtener el máximo acierto debes tener varias señales del mismo, porque si solo analizas un solo gesto puedes equivocarte.

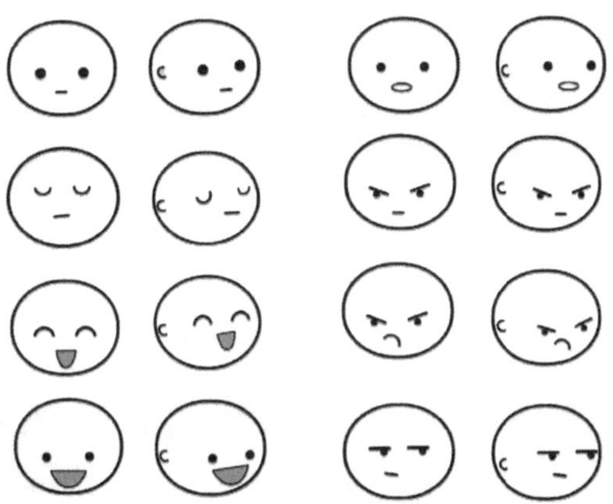

¿Qué te ha parecido el lenguaje no verbal?

Increíble, ¿verdad?

Sé que triunfarás en todo lo que te propongas, recuerda que ya no eres la misma persona que se miraba en el espejo, tu cambio empezó cuando decidiste dar el paso a un nuevo renacer.

¡Estás creando una nueva vida, ARRIESGAS Y GANAS!

Nos vemos en el siguiente capítulo, pasa la página, pero antes quiero decirte...

¡Gracias por estar aquí!

TU NUEVO DESPERTAR

DISTINTAS PERSONALIDADES Y CÓMO DETECTARLAS

27.

CUANDO EMPIEZAS A VER LA LUZ

Cuando tomé conciencia, asumí que **yo** era la responsable de todo lo que me sucedía en distintas áreas de mi vida, y entendí que cada resultado que obtenía era producto de mis acciones, ¡yo lo había atraído! Era el resultado de lo que tenía en mi presente y eso no era lo que yo quería, pero ahora sabía que tenía el poder de rechazarlo o revertirlo.

Somos creadores de nuestro destino y como creadores lo podemos transformar.

¿Te imaginas el poder que tenemos solo con reprogramar nuestra mente y poder conseguir todo lo que siempre quisimos?

Tu vida puedes diseñarla como tú quieras, ¡solo tienes que **creer en ti** y sentir que eso ya es posible!

Nunca es tarde para cambiar esa programación que tenemos, mereces ser feliz y disfrutar de tu bienestar.

¡Ahora es el momento del cambio!

Hay tres palabras que no puedes olvidar, y estas son: **PROGRAMACIÓN –REPETICIÓN – RESULTADOS**.

Cuando tu programación la tienes en el subconsciente, vas en automático, eso no es bueno, y es ahí donde trabajaremos.

La programación solo la conseguirás si hay una repetición en tu consciente de lo que tú quieres hacer y deseas, tiene que convertirse en un hábito.

Muchas personas no realizan estos cambios porque no son constantes. ¿Cuántas veces nos hemos dicho, sobre todo en el cambio de año: "Este año voy a cambiar, haré más ejercicio y cuidaré mi alimentación"; y solo lo conseguimos un mes? ¿Dos? Tenemos que ser conscientes de querer realmente este cambio, **¡tú ya tomaste esta decisión!**

Te contaré una anécdota que me pasó no hace demasiados días. Mi madre vive a unos 44 km de distancia de donde yo vivo, y un día, después de estar con ella muchas horas, llegó el momento de irme a mi casa. Me despedí, subí al coche y me dispuse a conducir dirección a casa, y en mi cabeza estaba pensando en lo bien que había estado en casa de mi madre; salió ese sentimiento de niña al estar en casa de mis padres, me sentía completamente feliz.

Hubo un momento en el que, cuando fui consciente de la realidad, ¡me di cuenta de que estaba subiendo las escaleras de mi casa! No sabía cómo había llegado hasta allí, simplemente fui en automático por mi subconsciente, que sabía el camino por la repetición de las veces que ya lo había hecho.

Como ya te comenté en páginas anteriores, esos mensajes que te llegarán del universo son ajustes en tu vida que puede que te hagan paralizarte y seguir en tu zona de comodidad, **¡no lo hagas!**

¿Cómo saber si esa programación que tienes instalada en tu subconsciente es la adecuada para llegar a tu objetivo final?

Tienes que ver los resultados que estás teniendo en las distintas áreas de tu vida, y esto no quiere decir que todo lo tengas que cambiar.

Te dejo estas líneas para que pongas en qué áreas de tu vida tienes que hacer el cambio y por qué te gustaría hacerlo.

¡Vamos a por ello y escríbelo!

____

____

____

____

Me lo imaginaba, te gustaría realizar un cambio en todas las áreas de tu vida.

Todo está conectado, y si en un área no te va bien, en las demás tampoco.

Ahora te diré que puntúes del 1 al 10 las distintas áreas para saber qué es lo primero que hay que mejorar, siendo el 1 la más baja puntuación y el 10 la más alta.

Salud

Relaciones

Trabajo

Economía

Cuando ya somos conscientes del área que tenemos y queremos mejorar, empezaremos por la que menos puntuación tiene, y así iremos subiendo hasta llegar al resultado deseado.

Ahora ya tienes ese entrenamiento, estás preparada para uno de los desafíos que puedas tener en tu mente, para afrontarlo y, en consecuencia, poder resolverlo.

En cuanto a esos desafíos que tienes, sobre todo te diría que no les des más importancia de la que tienen porque los harás crecer, acentuarás el miedo y te paralizarán. Preocúpate de resolverlos si tienen solución en ti, si no la tienen, busca algún asesor o persona cualificada que te ayude a resolverlos, pero todo dentro de la naturalidad. Tampoco tienes que olvidarlos ni negarlos para no volver a equivocarte. Debes tener una **actitud adecuada ante el desafío.** Cuando tu mente está en buscar una solución, ¿qué crees que sucederá? Vendrá la solución y lo lograrás.

Yo te explicaré un ejercicio que suelo llevar a cabo ante cualquier desafío que pueda aparecer, y es escribir en un papel distintas maneras de poder solucionarlo. Este ejercicio puedes hacerlo en familia, entonces podrás observar los distintos puntos de vista e ideas que pueden aportar los miembros de tu familia, y así entre todos poder encontrar la solución.

Te animo a que lo pruebes; **cuando estás centrado en la solución, le restas al problema en cuestión.**

Cuando pensamiento y sentimiento se unen en positivo, eso es lo que verás reflejado, pero si tus pensamientos son en negativo, eso es lo que encontrarás...

Veamos qué áreas de tu vida tienes que mejorar.

¿Economía? Escribo en el papel ideas que me puedan venir para mejorarla: tener un trabajo extra, gastar menos, llevar mi contabilidad al día, pedir un aumento de sueldo, etc. En definitiva, anoto todas las que se me ocurran, y a la vez afirmo:

"¡Merezco ser merecedora de toda la economía que me llega!".

¿Salud? Escribo en el papel las ideas para poder mejorarla: cuidar mi alimentación, beber más agua, hacer deporte, etc.; y afirmo:

"¡Mi enfoque está en tener un cuerpo saludable y lleno de energía!".

¿Relaciones? Escribo en el papel soluciones para mejorarla: ser más cariñosa, tener una actitud positiva, escuchar más, etc.; y afirmo:

"¡Estoy en proceso de tener mi propia paz y me dejo fluir por lo que siento!".

Si quieres de verdad esos cambios, esos desafíos ya los verás como situaciones que resolver. La vida siempre nos pondrá una situación que resolver, pero llegarás a ser una experta en cómo resolverlas.

Estoy orgullosa de que hayas llegado hasta aquí.

TU PROPÓSITO EN LA VIDA

Te amo.

28.

LA FELICIDAD

La felicidad, ¿cómo definirías la felicidad? Para mí es una palabra bastante compleja porque no para todas las personas significa lo mismo. La felicidad se alcanza cuando lo que uno **piensa, dice y hace está en armonía y es coherente.** Es un viaje, pero no hay un destino, es disfrutar del viaje de tu vida. ¿Te ha pasado alguna vez que has terminado tu día, llegado a casa y dicho: "**¡Qué feliz soy!**"? Eso es porque la emoción que sentiste durante el día era agradable y fluyes de distinta manera, así que todo lo que te llega es bonito. Pero hay muchas personas que la confunden con cosas externas, y la verdadera felicidad no tiene nada que ver con ninguna causa externa. La verdadera felicidad viene de dentro, es un estado natural, y es cuando estamos **conectados con nuestro ser, con nuestra propia esencia, con el aquí y ahora**. La solución para estas personas es que empiecen a mirar desde dentro, ordenen su interior y lo sanen para poder conectarse con su SER. Así encontrarán la verdadera felicidad y ya no se aferrarán a algo externo ni tendrán ese apego; ya no serán adictos a los demás porque han encontrado lo que necesitan, lo tienen dentro de sí, eso es **felicidad.**

Nadie hace feliz a nadie, esa es la realidad. Tenemos que querernos mucho más. Cuando aprendes a estar bien con tu interior, a llenarte de ti, no necesitas estar mendigando amor (ficticio). Muchas veces damos pena, lástima, y estamos en el rol de víctima, creyendo que eso nos dará la felicidad. Sin embargo, yo te diría, si en algún momento te sientes así, que busques tu momento de soledad, sé tu mejor amiga, escucha tu niña interior, háblale y pregúntale por qué se siente sola. Cuando aprendas a estar en soledad, ese sentimiento de estar sola irá desapareciendo porque cada día te irás encontrando un poquito más de ti.

Ser feliz es alcanzar tus propias metas. Cada cual posee el secreto de su propia felicidad, pero recuerda que para eso hay que conocerse bien a uno mismo y saber qué es lo que se quiere. **Encuentra tu propia felicidad.**

¿QUÉ ES PARA TI LA FELICIDAD? Muchas veces también me hice esta pregunta. ¿Existe? ¿Es posible ser feliz todo el tiempo? Queremos dar una imagen de felicidad todo el rato mostrando nuestra mejor cara, pero nos olvidamos de ser nosotros mismos, y eso es lo contrario a la felicidad, sabiendo, como ya dije, que la felicidad la encontraremos en el propio camino de nuestra vida.

La felicidad para mí es la ausencia de dolor, de miedo, el no sufrir. Es vivir en plenitud, llevar una vida con sentido, sentir que puedo aportar valor a este mundo con mi propio crecimiento y mi propia felicidad.

¿Y para ti qué es la felicidad? Estoy segura de que eres mucho más feliz ahora porque no eres la misma persona que cuando empezaste a leer este libro, hemos hecho un recorrido juntas, y sé que te reconoces mucho más.

"No hay camino a la felicidad, la felicidad es el camino".

Buda Gautama

EL PRINCIPAL ERROR que cometemos es que vivimos persiguiendo un sueño, y este a la vez se nos resiste, pero estamos enfocadas en conseguirlo, pues pensamos que cuando lo logremos seremos más felices. A la vez nos esforzamos y no podemos evitar ese sufrimiento, pero el sueño sigue ahí, casi conseguido, pero nos falta algo para conseguirlo y tenerlo completamente. Y no somos felices.

¿Cuántas veces has pensado: "Si tuviera más dinero, sería más feliz", "Si tuviera pareja, sería más feliz", "Si tuviera una casa más grande, estaría superfeliz", etc.? Siempre deseamos cosas externas, pero cuando el universo nos pone alguna, siempre queremos más y más, nunca estamos contentos con lo que tenemos, y esto es un error. No nos hace falta nada para ser felices, todo lo que necesitamos para serlo ya lo tenemos.

Agradece y disfruta de todo lo que tienes, si no eres feliz con lo que tienes tampoco lo serás con lo que crees que te falta cuando lo tengas. Estamos todos unidos y somos vibración, todo lo que vibra en una misma frecuencia lo atraerás.

Cuando sufres porque te falta algo estás en un estado de carencia y atraes más.

Sé FELIZ ahora en tu presente con lo que tienes, siente tu SER, disfruta de lo que HOY eres, busca en tu interior lo que mañana puedes SER, porque para TENER primero has de SER.

¡Ya eres feliz ahora, no esperes a mañana para serlo!

29.

LOS LÍMITES DE TU PRISIÓN

Tu mundo está compuesto por cómo tú percibes lo que pasa en tu vida. Las cosas no son ni buenas ni malas, solo son, y tú filtras la realidad y la valoras según la percepción que puedas tener de ellas. Todo lo que te propongas está limitado por aquello que percibes en tu vida. Nos es más fácil aceptar aquello que percibimos como placer, pues las pequeñas cosas por las que sentimos placer nos mejoran la capacidad para percibir la grandeza de la VIDA.

Pero cuidado con negarnos y menospreciar un placer por pequeño que sea;

a veces el placer está en sobrepasar lo que nos han prohibido, y no comprendemos la razón. Revive tu sensación cuando, de niña, ponías los pies en los charcos; parece que no había una buena razón, pero ¡qué bien te sentías!

Tus límites quedan enmarcados por aquello que tú eres capaz de percibir. Tú te pones tus propios límites. Solamente si tú amplías tu consciencia serás capaz de ampliar tus límites.

Ábrete a la vida, **¡tu vida!** ¡Qué maravilla, estás por descubrir y saber que tienes todo el poder para hacer y desear lo que te propongas! No te limites por poco, ve a lo grande**, ni más ni menos**, **lo que tú te mereces**.

En muchas ocasiones deseamos algo y por miedo al qué dirán, por tus perjuicios, por el sentirte egoísta, porque crees que no te lo mereces, te quedas sin hacer ningún tipo de movimiento, y eso te frustra, porque en realidad esa no eres tú. Tienes una batalla interna importante que estás dejando entrar en tu consciente, y realmente en lo que tienes que pensar es en tu corazón, en lo que tu alma te dice, y ella te dice: "**¡Actúa!**". No te pares porque solo tú eres la única persona que puede conseguir que salgas de esa prisión y encuentres la libertad.

Tú puedes hacer más grande tu mundo.

Sal de tu prisión, sé valiente y atrévete a ampliar tus límites.

LLEGANDO AL DESTINO

30.

HAZ QUE SUCEDA

Cuando naces, aunque no lo quisieras, empiezas a vivir. Ha sido tu propia elección, tú lo decidiste así. Eres el logro de una unión entre millones de posibilidades. Y eso es lo que somos cada uno de nosotros, una posibilidad entre millones, eres única e irrepetible.

Poder vivir supone hacer cosas, y a veces no sabemos el para qué de esas cosas y otras nos condicionan, y a este conjunto de esas cosas se les llama vida. Tú construyes tu propia vida y es imposible evitarlo.

Ya que nacemos para vivir, hagámoslo lo mejor posible. Ante esto, tienes dos opciones: dejar que los otros decidan tu vida o tomar las riendas de tu propia vida y decidir vivirla como tú quieras.

Pasarás momentos desagradables, algunos muy duros de soportar, y te preguntarás: "¿Por qué me pasa esto?"; entonces entramos en conflicto y nos aturdimos por no saber cómo podemos actuar ante las circunstancias. Pero esta sería una pregunta equivocada, la pregunta correcta sería: "¿Para qué me está pasando esto?". El universo te dará la respuesta a tu pregunta.

El porqué nos lo puede aclarar.

Quizá piensas que será bueno saberlo para no repetirla, pero es improbable que se repita la misma situación, porque cada momento tiene circunstancias distintas, es irrepetible. Pero sí tendrás momentos que te recuerden a cómo tendrías que actuar ante cualquier conflicto que se te presente.

Siempre lo que importa es el motivo, el para qué. El universo te da señales para encontrar tu camino. Si encuentras tu para qué, el universo te facilitará el cómo superar la situación. Cuando encuentras él para qué, también encuentras la respuesta al por qué, y comprendes que no estabas en el camino adecuado, estabas aprendiendo una lección de vida. Cuando nacemos tenemos la capacidad de superar cualquier obstáculo que se nos presente en la vida, se trata de mantener la serenidad.

Y como ya sabemos, tenemos el poder de revertir lo negativo en algo positivo.

Toma tus decisiones, aunque a veces el resultado no sea el que esperabas.

Aprende de los errores y sigue adelante, haz que pase, nunca te rindas.

31.

SÉ CONSTANTE

No te digo que te mantengas en tu error. Si alguna vez lo cometiste y te sientes mal (yo cometí errores que fueron un gran aprendizaje), sé que no te volverá a suceder. El ser constante es una actitud de persistencia, es tomar acción, es tener la atención puesta en el resultado que quieras conseguir. No hay una garantía exacta de que todas las acciones que puedas emprender te vayan a llevar al objetivo deseado, por eso es conveniente vivir con consciencia del momento presente y valorar si te estás acercando o, por el contrario, alejando de tu objetivo.

Puede que te cueste conseguir lo que buscas, pero no bajes el valor de tus sueños, aunque sí puedes aumentar tus posibilidades o capacidades. Para seguir trabajando y persiguiéndolo, trázate metas cortas y ve aumentándolas. Cada vez que llegues a tus logros, prémiate y, sobre todo, piensa que cada vez estás más cerca que cuando empezaste.

Te cuento todo esto porque ya te comenté que cometí muchos errores porque no era constante en lo que hacía. Sabía lo que quería, pero no conseguía mi objetivo, no me planificaba. Cuando empezaba cualquier proyecto que tenía o me ofrecían, siempre me entraba la duda de que no era lo mejor y cambiaba. No era constante, por eso no quiero que te pase lo que me pasó a mí, no tienes que llegar al fondo para subir. Mantente firme en tu objetivo, sé paciente y, sobre todo, constante.

La vida sigue.

Mi propósito. Quiero contarte cómo yo encontré mi propósito. Desde pequeñita siempre fui una niña buena, calmada, tranquila, siempre quería ayudar a mi madre para que pudiera descansar de sus tareas. A medida que me iba haciendo mayor me daba cuenta de que me gustaba todo lo relacionado con la mente, cómo pensaban y se relacionaban las demás personas. Me gustaba escucharlas y yo sacaba mis propias conclusiones, y más tarde me pedían consejo para saber lo que yo les podía decir. Siempre tuve mucha conexión con personas mayores, se sentían supercómodas hablando conmigo, y mi trabajo en la peluquería me daba oportunidad de poder realizar lo que yo más deseaba, que se sintieran cómodas y, sobre todo, se fueran mucho mejor de lo que habían venido.

Esa fue la primera parte de cómo empecé, lógicamente por aquel entonces yo no sabía que años más tarde ese sería mi propósito. Pero poco a poco iba desarrollando mucho más mi intuición, podía saber a qué personas les caía bien y a cuáles no. Tengo que decir que no todo fue fácil, antes de todo esto me vinieron muchos desafíos y pruebas que tuve que ir desafiando. Hubo un tiempo en el que me negué a todo lo que me sucedía, pero lo que el universo tiene preparado para ti sí o sí te llega tarde o temprano. Todos tenemos en esta vida una misión, solo tenemos que reconocerla y seguidamente actuar. Me encuentro muchas veces con personas que me dicen que no saben cuál es su propósito. Sé que no es tu caso y tú ya sabes cuál es el tuyo, pero, si no es así, te digo que escuches a tu alma, que entiendas qué emoción sientes, qué es lo que más te gusta hacer, y, si lo tienes, ¡no te frenes! Te puedo asegurar que la felicidad que sientes es tremenda, algo impensable. En mi caso, cuando me llegan esos comentarios de que se sienten bien y que son mucho más felices, que empiezan a encontrar su camino, eso es lo más gratificante.

Hoy, después de unos años, puedo decir que mi vida volvió a dar un giro. Hace un año que sufrí la pérdida de mi padre, que para mí siempre fue un referente en mi vida, fue algo inesperado. Aún hoy mi mente piensa "¿por qué?". Pero en esta vida siempre hay un porqué, y en este caso fue mi motivación, mi inspiración y sanación, y me dio el impulso para hacer algo que siempre quise hacer: escribir mi trilogía de toda esta vivencia y poder explicártela con detalle para que tú puedas seguir el camino que yo transité y que no cometas los errores que yo cometí. Te pongo el camino llano, sin piedras, para que llegues a conseguir sentirte como yo me siento ahora: feliz, equilibrada y en paz.

Ahora ya me conoces un poquito más. Yo sé que tú también tuviste que pasar por muchos caminos con rocas y piedras, pero ahora es tiempo de ser tú. Tuvimos que **morir, renacer y volver a vivir una nueva vida, tu propia VIDA.**

PARA TI, MUJER. Como ya te expliqué en el primer volumen de esta trilogía, *Las tinieblas de tu interior*, cada día elijo una carta de tarot para saber cómo me irá el día, y hoy me salió una carta que tiene que ver mucho con el tercer libro de la trilogía, titulado *Mujer poderosa*; esta carta es la EMPERATRIZ.

La emperatriz es una carta que representa a una mujer sentada con las piernas abiertas, sosteniendo un escudo con su mano derecha y un cetro en la izquierda. El escudo nos hablaría de protección y el cetro simboliza el poder; tiene seguridad y firmeza, es una persona observadora. Sus piernas están abiertas y es una actitud fructífera, simboliza la fecundidad o la gestación. Tiene una corona que representa un triángulo, lo que nos da a entender que posee una gran fuerza mental, utiliza mucho la mente y la fuerza para solucionar las adversidades que la vida puede traerle, esperada o inesperadamente. Ella nos trae abundancia en muchos aspectos de nuestra vida.

Cuando tenemos esta carta, nos está indicando que la gente se va a sentir más atraída por nosotros de lo habitual. Es posible encontrar gente que esté queriendo que le demos un consejo o que le cedamos nuestro hombro para llorar, y esto es beneficioso, porque es una manera de verte a ti como te ven los demás, alguien con sabiduría y mucho que ofrecer. Así que debes compartir las experiencias ganadas en la vida porque son valiosas y otras personas pueden necesitarlas y aprender de ellas.

Dependiendo de en qué ámbito quieras que te dé el consejo, aquí te lo muestro, llévalo a tu terreno.

Salud. Si estás queriendo ser mamá, te está indicando que pronto podría ser la buena noticia, y si, por el contrario, no lo deseas, tienes que tener precaución porque puede ocurrir que te quedes embarazada. Es una buena carta de salud y de una gran fortaleza, tanto física como mental.

Economía. Aquí nos estará indicando que es buen momento para realizar inversiones, el dinero debe estar fluyendo bien. Hay mejoras económicas, aumentos de ingresos o incluso puedes tener suerte en el azar, que puede generarte dinero.

Amor. Es un buen momento para el amor, puede que estés descubriendo de repente que eres mucho más atractiva. Las relaciones de compromiso, noviazgos y matrimonios a menudo se vuelven mucho más profundas, más dulces y mucho más verdaderas. Hay sentimientos generosos y más armonía y equilibrio entre sensualidad y los sentimientos profundos.

Trabajo. Las cosas van a ir muy bien, te sentirás más inspirada por las ideas que te irán viniendo. Deja que tu voz interior te guíe, te dirigirá a seguir la felicidad. Hay posibilidades de un aumento, estarás estable y será duradero; todo estará controlado por ti.

"Si la vida no te lo pone fácil, sé tú más inteligente y vuélvete más fuerte".

32.

RESUMEN: EL CRISTAL DONDE TE MIRAS

¡Te felicito por haber llegado hasta aquí! Ha sido un camino duro que hemos podido recorrer juntas, conociéndote un poco más, pudiendo ver otra cara a través del espejo. Dependiendo de cómo te encontrabas, quitándote todas esas barreras, creencias que solo te hacían ser otra persona, pudiste saber que en el mundo nada es fijo y, por lo tanto, tu vida se mueve constantemente. Pudiste reinvertir una nueva vida, la vida que tú siempre deseaste, limpiándote de todo lo que años atrás te dejaron tus ancestros.

Hoy estás celebrando estos cambios a través de esas decisiones que tomaste, encontraste la motivación para seguir hacia adelante en busca de tu nueva vida porque tuviste el valor y la acción, tomaste decisiones que te llevaron a esos cambios.

Quisiste saber lo que era el éxito, eso que tantas veces te preguntaste qué era y por qué no venía a tu vida, y en este libro te mostré cómo conseguirlo y caminando por el sendero del éxito llegaste a él.

Hay personas que se fueron de tu vida y nuevas amistades entraron. Has aprendido distintos tipos de personalidades y cómo detectarlas. Empezaste a ver esa luz e ilusión que habías perdido, llevándote al camino de tu **FELICIDAD**.

AHORA TE MIRAS AL ESPEJO Y TE GUSTA LO QUE VES, ESA PERSONA QUE SIEMPRE FUISTE, QUE ESTABA ESCONDIDA DEBAJO DE ESA PIEL. SONRÍE Y VE LA VIDA CON PROPÓSITO, ¡PORQUE AÚN QUEDA MUCHO POR RECORRER!

Quiero pedirte un favor, déjame explicarte un poquito el tercer volumen de la trilogía, ***MUJER PODEROSA***, esa mujer que se hizo fuerte a través de desafíos y creencias que tuvo que eliminar.

Estando sola, y no sintiéndose sola, pudo comprobar que las relaciones son importantes. Además, contará sus amores y las distintas facetas de su vida de pareja y cómo consiguió llegar a tener esa armonía de plenitud sin necesidad de estar unida a una persona para sentirse completa.

Sé que eres una persona distinta a la que empezó a leer este libro y sé que lo serás más cuando leas el tercer volumen de la trilogía.

Nos vemos en el interior de ***MUJER PODEROSA***. **GRACIAS, GRACIAS, GRACIAS.**

Te amo.

Desde hace un tiempo atrás, sentía una voz que me susurraba en mi interior. A medida que pasaban los días se hacía más fuerte y se escuchaba con más intensidad. Quise saber qué me quería decir y presté más atención, y así fue cómo descubrí "la voz de tu alma", esa vocecilla que no calló hasta que me desperté de mi sueño y pude lograr mi propósito.

La voz de tu alma es el libro de una saga escrita por el mentor número uno de habla hispana en crecimiento personal, llamado **Lain García Calvo**. Es el libro que te lleva a despertar en ti tu propia voz del alma, pudiendo llevar tu vida a un siguiente nivel.

Si quieres un cambio en tu vida te lo recomiendo. Mi vida cambió radicalmente. Tú puedes ser la siguiente persona si lo deseas.

Escucha la voz de tu alma y… ¡vuélvete imparable!

Gracias, Lain.

www.laingarciacalvo.com

Te invito a que eches un vistazo a toda la información que encontrarás, no solo de su saga, sino también del evento que realiza INTENSIVO ¡VUÉLVETE IMPARABLE! Ahí pude transformar mi vida y tú también puedes hacerlo.

Gracias, gracias, gracias.

SÍGUEME EN MIS REDES SOCIALES

 Dolores Marín Gómez

 dolores.marin.gomez

 doloresmaringomez.com

 dolores.marin.gomez@gmail.com

 Dolores Marín Gómez

www.ingramcontent.com/pod-product-compliance
Lightning Source LLC
LaVergne TN
LVHW091703190726
843493LV00001B/126